# 나 Series

성장 리더십 개발 교재

# 멋진 나

순장 리더십 개발 교재_ 멋진 나

2017년 4월 17일 초판 발행
2019년 10월 18일 2쇄 발행

엮 은 이  한국대학생선교회
발 행 인  김윤희
발 행 처  순출판사
디 자 인  (주)아이엠크리에이티브컴퍼니
일러스트  (주)아이엠크리에이티브컴퍼니
주    소  서울시 종로구 백석동 1가길 2-8
전    화  02)722-6931~2    팩 스  02)722-6933
인 터 넷  http://www.kccc.org
등록번호  제 1-2464 호
등록년월일  1993.3.15.


값 5,000원
ISBN 978-89-389-0300-6

본서의 판권은 순출판사에 있습니다. 무단 전재 및 복제를 금합니다.
책 내용과 관련된 문의는 한국대학생선교회_MRD(02-397-6260)으로 문의 바랍니다.

# 서문

'나 시리즈'는 하나님의 사람으로 성장하고, 성숙한 신앙으로 발전하며, 주님과 동행하는 영향력 있고 리더십 있는 제자로 교육받기 위해 만들어진 순장 교육용 교재입니다. '나 시리즈'는 '성숙한 나', '멋진 나', '대답이 준비된 나' 총 세 권으로 구성되어 있습니다.

'멋진 나'를 통해서는 그리스도 안에서 하나님이 주신 꿈을 발견하고, 다른 사람을 사랑하는 제자로 성장할 수 있도록 하였고, '성숙한 나'를 통해서는 성숙한 그리스도인으로서 다른 사람을 이해하고 용서하며 권위에 대한 바른 태도를 가지고 좋은 리더가 될 수 있도록 구성했습니다. 또 '대답이 준비된 나'에서는 하나님과 예수님, 성경의 권위에 대한 변증적인 이슈들을 분명하게 이해하고 대답할 수 있도록 하여 온전한 복음을 전할 수 있도록 하였습니다.

'나 시리즈'는 영역별로 주제가 나뉘어 있을 뿐만 아니라 순장들의 필요에 맞는 주제를 선택할 수 있기에 순장 교육용으로도 유용합니다. 또 이 교재는 소그룹 성경공부 또는 주제별 강의 교재로도 사용할 수 있습니다. 리트릿에 가서 집중적으로 여러 과를 공부할 수도 있고, 강의식 또는 토론식으로도 활용할 수 있습니다. 실제 삶과 직결된 이슈들도 많이 다루고 있어 신앙과 삶을 연결하는 데에도 도움이 될 것입니다.

이 교재를 통해 순장(또는 순원)들이 그리스도를 닮아가는 성숙하고 멋진 제자의 삶을 살기를 기대합니다.

– CCC 출판부

# 멋진 나

1과 첫사랑을 회복하기    6
2과 당신을 위한 하나님의 꿈을 발견하는 방법 I    18
3과 당신을 위한 하나님의 꿈을 발견하는 방법 II    44
4과 품격 있는 데이트    56
5과 모범이 되기    66
6과 사랑스럽지 않은 사람들을 사랑하기    80
7과 남녀 차이 존재하는가?    86
8과 선한 양심을 지키기를 배움    96

# 첫사랑을 회복하기

- 개 관 목 적 -
이 과의 목적은 당신이 하나님과의 관계 가운데 즐거워 할 수 있는 방법을 이해하도록 돕는 것이다.

## 학 습 목 표

이 과가 끝날 때 당신은,

1. 당신의 첫사랑을 잃어버리게 된 기본적인 원인을 설명할 수 있다.
2. 하나님께서 현재 당신의 삶 가운데 채워주시는 개인적 필요를 말할 수 있다.
3. 하나님께서 당신의 삶에서 행하시는 모든 것으로 인해 그분을 찬양하며 기뻐할 수 있다.

# 👍 1 왜 우리는 첫사랑을 잃어버리게 되는가?

## 가. 모든 좋은 일들을 하지만 여전히 영적으로 냉랭할 수 있다.

우리는 교회도 가고 십일조도 하고 바쁘게 신앙생활을 하지만 영적으로 냉랭할 때가 있다.

## 나. 우리는 종종 성공하거나 풍족해지면 자만심을 가지게 된다.

우리가 하나님 앞에 겸손이 없어지고 더 이상 그분의 _____ 를 느끼지 못 할때 우리는 _____ 의 관계를 잃어버리게 된다.

## 다. 사례: 이스라엘 민족은 하나님과의 관계가 자주 흔들렸다.

이스라엘 민족이 애굽에서 나와 홍해를 건넜을 때를 생각해 보자. 그들은 주님 앞에서 절실함과 갈급함을 느끼며 겸손하게 약속의 땅을 향한 여정을 시작했다.

그들은 음식이나 일상의 필요한 것들도 갖고 있지 않았다. 그들이 이집트 군대에 멸망당할 위기에 놓였을 때 자신들의 완전한 무능력을 깨달았다. 그리고 하나님을 의지했을 때 구원의 기적과 감격을 맛보았다. 그들은 과거 어느 때보다도 더욱 분명하게 하나님의 모든 것을 보고 그분을 경외하게 되었다.

그러나 이스라엘 백성들이 그들의 약속된 땅에 가까웠을 때 하나님께서는 그들에게 경고의 말씀을 하셨다.

1) 신명기 8:7-14a를 읽으라.

신 8:7-14a ⁷네 하나님 여호와께서 너를 아름다운 땅에 이르게 하시나니 그 곳은 골짜기든지 산지든지 시내와 분천과 샘이 흐르고 ⁸밀과 보리의 소산지요 포도와 무화과와 석류와 감람나무와 꿀의 소산지라 ⁹네가 먹을 것에 모자람이 없고 네게 아무 부족함이 없는 땅이며 그 땅의 돌은 철이요 산에서는 동을 캘 것이라 ¹⁰네가 먹어서 배부르고 네 하나님 여호와께서 옥토를 네게 주셨음으로 말미암아 그를 찬송하리라 ¹¹내가 오늘 네게 명하는 여호와의 명령과 법도와 규례를 지키지 아니하고 네 하나님 여호와를 잊어버리지 않도록 삼갈지어다 ¹²네가 먹어서 배부르고 아름다운 집을 짓고 거주하게 되며 ¹³또 네 소와 양이 번성하며 네 은금이 증식되며 네 소유가 다 풍부하게 될 때에 ¹⁴네 마음이 교만하여 네 하나님 여호와를 잊어버릴까 염려하노라

2) 위의 말씀을 읽고 이스라엘 백성과 하나님과의 관계가 흔들렸던 이유를 설명해 보라.
   (1)
   (2)
   (3)
   (4)

3) 신명기 8:17-20을 읽으라.

신 8:17-20 ¹⁷그러나 네가 마음에 이르기를 내 능력과 내 손의 힘으로 내가 이 재물을 얻었다 말할 것이라 ¹⁸네 하나님 여호와를 기억하라 그가 네게 재물 얻을 능력을 주셨음이라 이같이 하심은 네 조상들에게 맹세하신 언약을 오늘과 같이 이루려 하심이니라 ¹⁹네가 만일 네 하나님 여호와를 잊어버리고 다른 신들을 따라 그들을 섬기며 그들에게 절하면 내가 너희에게 증거하노니 너희가 반드시 멸망할 것이라 ²⁰여호와께서 너희 앞에서 멸망시키신 민족들 같이 너희도 멸망하리니 이는 너희가 너희의 하나님 여호와의 소리를 청종하지 아니함이니라

(1) 이 성경본문의 핵심문제는 무엇인가?




(2) 그 대가는 무엇이라고 여호와께서 경고하시는가?(19, 20절 참고)




4) 우리는 이스라엘 백성들과도 같다. 우리는 그분이 _____ 는 생각으로 그리스도 앞에 나오지만 모든 것이 풍족할 때는 그가 해 주신 것을 _____.

(1) 처음 그리스도를 믿었을 때 우리는 죄 용서와 구원으로 인해 기뻐했다. 그분께서 매일의 필요를 채워주심을 믿고 감사했다.

(2) 그러나 점점 그분을 당연시하며 감사하는 마음이 줄어들면서 조금이라도 나의 요구를 들어주지 않는다고 생각될 때는 섭섭해 하고 원망하며 급기야는 불만을 품게 된다.

(3) 어느덧 기도가 형식적이 되고 내 자신이 많은 일들을 알아서 헤쳐 나간다. 비그리스도인과 그리스도인이라는 명칭만 다를 뿐이지 믿지 않는 자와 똑같은 삶을 살아간다.

(4) 하나님과 함께하고 그분을 섬기며 다른 사람들에게 그분을 알리고자 하는 마음이 둔해지기 시작한다. 오히려 그런 영적인 요구를 부담스러워 하기 시작한다. 우리는 첫사랑을 잃게 된다. 이스라엘 백성들과 무엇이 다른가!

5) 우리가 하나님과의 관계를 유지할 수 있는 방법은 무엇일까?

(1) _____를 기억해야 한다 : 신명기에 따르면 먼저 그분이 어떤 분이신지 기억해야 한다. (신 8:18a, "네 하나님 여호와를 기억하라…")

(2) 그분이 _____을 기억해야 한다 : 신명기 말씀에 따르면 "그가 네게 재물 얻을 능력을 주셨음"을 기억해야 한다(신 8:18b). 우리는 때로 내가 열심히 일해서 재물을 얻었는데 무슨 소리냐고 할 수 있다. 그러나 신명기의 말씀은 재물 얻을 능력을 주신 분도 하나님이심을 기억하라고 가르친다.

6) 하나님께서는 어떻게 우리와의 관계를 지속시켜 가시는가?

(1) 고후 12:9-10을 읽으라.

> 고후 12:9-10 ⁹나에게 이르시기를 내 은혜가 네게 족하도다 이는 내 능력이 약한 데서 온전하여짐이라 하신지라 그러므로 도리어 크게 기뻐함으로 나의 여러 약한 것들에 대하여 자랑하리니 이는 그리스도의 능력이 내게 머물게 하려 함이라 ¹⁰그러므로 내가 그리스도를 위하여 약한 것들과 능욕과 궁핍과 박해와 곤고[어려움]를 기뻐하노니 이는 내가 약한 그 때에 강함이라

(2) 위의 말씀에서 하나님이 쓰신 방법은 무엇인가? (9절)

(3) 하나님이 그렇게 하신 이유는 무엇인가? 그 대신 사도바울에게 준 것은 무엇인가? (9절)

(4) 신앙생활의 역설이지만 자신의 경험을 통해 사도바울이 배운 비결은 무엇인가?

 a. 사도바울은 자신의 ____이 약함으로 오히려 더 _____는 진리를 배웠다.

 b. 그러므로 그는 자신의 _____을 _____하게 되었다.

 c. 그래야 _____이 자신에게 머물게 된다는 것을 깨달았다.

(5) 9절의 경험을 통해서 사도바울은 10절에서 새로운 통찰력을 얻게 되었다. 그것은 무엇인가?

 a. 사역자로서 사도바울이 가장 견디기 힘든 것은 "약한 것들과 능욕과 궁핍과 박해와 곤고(곤란을 겪는 것)"일 것이다.
당신이 약할 때, 능력이 없을 때 기뻐 할 수 있겠는가? 주님의 제자로 박해를 받을 때, 스트레스를 받을 때 좋겠는가? 복음 때문에 박해와 곤고를 받는다면 견딜 수 있겠는가? 누구나 이런 것을 반기는 사람은 없다.

 b. 그러나 사도바울은 그러한 _____을 기뻐할 수 있는 _____를 배웠다.

 c. 환난을 기뻐할 수 있는 이유는 그래야만 _____이 건강해지며 진실된 의미에서의 _____의 사람이 될 수 있기 때문이다: "이는 내가 약한 그때에 강함이라 (For when I am weak, then I am strong)"

 d. 사도바울이 깨달은 이런 다이내믹한 영적관계가 있을 때 하나님과의 첫사랑은 영원히 식지 않는 것이다. 오히려 날마다 더 _____질 수 있다.

7) 겸손은 하나님 없이 우리가 완전히 _____을 아는 것 혹은 얼마나 우리가 전적으로 그분을 _____하는지를 자각하는 것으로 설명할 수 있다.

8) 겸손한 사랑은 자신의 _____을 하나님을 신뢰하는 기회로 여기고 기뻐하는 비결을 배운 사람이다.

11

고통은 우리를 하나님께 가까이 가도록 만든다. 불안정도 우리를 하나님께 가까이 이끈다.

부적합, 실패, 괴로움, 두려움, 물질적 및 육체적 어려움, 이 모든 것은 우리가 그분을 더욱 가까이 매달려야 한다는 것을 뚜렷이 알려준다.

##  2 첫사랑을 유지하기 위해서 하나님께서 우리에게 기대하시는 것은 무엇인가?

### 가. 말씀 공부

> 미 6:8 사람아 주께서 선한 것이 무엇임을 네게 보이셨나니 여호와께서 네게 구하시는 것은 오직 정의를 행하며 인자를 사랑하며 겸손하게 네 하나님과 함께 행하는 것이 아니냐

### 나. 미가서 6:8의 핵심 메시지를 적으라.

1) _____를 행함

2) _____를 사랑함

3) 겸손하게 하나님과 _____

다. 질문

   1) 하나님과 겸손하게 함께 함의 의미는 무엇이라고 생각하는가?

   2) 우리가 겸손하게 하나님과 함께 하지 못하게 막는 것은 무엇인가?

   3) 미가서의 말씀에 따르면 우리는 왜 첫사랑을 유지하지 못하는가?

      (1) 하나님의 말씀대로 살지 않고 나태해져서 ____ 이 원하는 대로 살기 때문이다.

      (2) 정의를 실현하지 않고 남의 필요에 둔감해지며 세상살이에 지치고 이기적으로 생각하다 보니 지상명령성취라든가 ____ 과는 거리가 멀게 살기 때문이다.

      (3) 이런 생활이 하나님과의 교제를 멀어지게 하는 지름길인 것이다.

   4) 그렇다면 우리는 어떻게 첫사랑을 유지할 수 있는가?

      (1) 미가서의 말씀대로 우리의 삶이 하나님이 원하시는 ____ 를 실현하는 삶이 되어야 한다.

      (2) 그렇지 않으면 하나님과의 다이나믹한 관계, 살아있는 관계는 결코 유지될 수 없다.

 **13 첫사랑의 회복을 위해 하나님은 어떻게 하시는가?**

가. 이사야 30:18

> 사 30:18 그러나 여호와께서 기다리시나니 이는 너희에게 은혜를 베풀려 하심이요 일어나시리니 이는 너희를 긍휼히 여기려 하심이라 대저 여호와는 정의의 하나님이심이라 그를 기다리는 자마다 복이 있도다

나. 위의 말씀에 따르면 우리는 어떻게 해야 하는가?
 1)
 2)
 3)
 4)
 5)

다. 첫사랑을 회복하는 것은 우리의 일이 아니라 _____의 일이다.
 우리가 해야 할 유일한 것은 하나님께 완전하고 끈기 있게 전적인 신뢰로 말씀에 _____ 하는 것이다.

 **4 실천사항**

가. 당신이 홀로 있을 수 있는 장소로 가라.

나. 찬양, 경배 및 열린 마음의 기도로 시작하라.

다. 당신의 모든 생활 영역에서 하나님께 매달리도록 하기 위해 하나님께서 사용하시는 것들을 아래 여백에 적어 보라.

라. 다음 성구들을 묵상하라.

　빌 1:6 너희 안에서 착한 일을 시작하신 이가 그리스도 예수의 날까지 이루실 줄을 우리는 확신하노라

　빌 2:13 너희 안에서 행하시는 이는 하나님이시니 자기의 기쁘신 뜻을 위하여 너희에게 소원을 두고 행하게 하시나니

　롬 5:3-5 ³다만 이뿐 아니라 우리가 환난 중에도 즐거워하나니 이는 환난은 인내를, ⁴인내는 연단을, 연단은 소망을 이루는 줄 앎이로다 ⁵소망이 우리를 부끄럽게 하지 아니함은 우리에게 주신 성령으로 말미암아 하나님의 사랑이 우리 마음에 부은 바 됨이니

　롬 8:28 우리가 알거니와 하나님을 사랑하는 자 곧 그의 뜻대로 부르심을 입은 자들에게는 모든 것이 합력하여 선을 이루느니라

마. 하나님께서 당신이 하나님께 더욱 매달리도록 당신의 생활속에서 사용하시는 모든 것들을 감사하라.

아래 교재에 있는 도표를 채우라. 각 란에 하나님께서 여러분의 생활영역 가운데 그분께 매달리도록 하기 위해 사용하시는 모든 것들을 감사하라. 여러분의 필요를 채워주고 여러분의 인격을 세워주는 하나님의 사랑과 헌신을 볼수록 그분에 대한 여러분의 사랑의 반응은 커질 것이다.

내가 하나님께 매달리도록 만드는 것

| 영역 | 내용 |
| --- | --- |
| 신체적 | 예:나는 체중과 식사습관에 그분을 신뢰해야 한다. |
| 영 적 | 예:나는 전도하는데 담대하고 능력이 있도록 그분을 신뢰해야 한다. |
| 감정적 | 예:나는 기분이 쉽상하기 때문에 그분을 신뢰해야 한다. |

| 영역 | 내용 |
|---|---|
| 정신적 | 예:나는 나의 일들을 잊지 않도록 그분을 신뢰해야 한다. |
| 사회적 | 예:나는 처음 만나는 사람 앞에서 편안함을 느끼도록 그분을 신뢰해야 한다. |

# 2과
# 당신을 위한 하나님의 꿈을 발견하는 방법 I

How to Capture God's Dream for Your Life

- 개 관 목 적 -
이 과의 목적은 당신이 당신을 위한 하나님의 꿈을 발견할 수 있도록 돕는 것이다.

## 학 습 목 표

이 과가 끝날 때 당신은,

1. 꿈이 있는 자와 꿈이 없는 자의 차이를 말할 수 있다.
2. 세상을 향한 하나님의 꿈을 말할 수 있고 그것이 개개인을 위한 하나님의 꿈에 어떻게 관련되는가를 설명할 수 있다.
3. 당신을 위한 하나님의 꿈을 발견하는 원칙들을 설명할 수 있다.

# 1 서론

## 가. 꿈이 있는 자와 꿈이 없는 자에 대한 실례

### 예화 1

다음은 어떤 사람의 경험담이다.
"나는 대학원에서 공부하고 있을 때 내 친구가 다니는 교회에 다녔습니다. 그 교회 목사님은 주일 예배가 끝나면 매번 나를 그의 집으로 초대했습니다. 우리는 저녁 식탁에서 여러 가지 어려운 문제들을 이야기하곤 했습니다. 그 목사님은 교회 성도들의 감소, 성도들의 불신임, 재정적인 문제 등으로 어려움을 겪고 있었습니다.
식사 후에는 우리는 텔레비전을 시청하거나 카드놀이를 했습니다. 저녁 늦게야 나는 다음 주 공부를 위해서 떠나오곤 했습니다.

### 예화 2

그런데 목사님 댁을 떠난 후에 나는 항상 의기소침해지고 염세적인 감정이 나를 사로잡았으며 한주 내내 부정적이 되곤 했습니다.
"한편 나는 그리스도인이 된 초기부터 또 다른 목사님을 알고 있었습니다. 내가 기억하기로는 그분이 처음 그의 목회를 시작하신 즈음 어느 날 나는 교회 뒷좌석에 앉아 있었습니다. 그 당시 그 교회는 약 100여명이 모이는 작은 교회였습니다. 하지만 목사님은 전 시내를 복음화 할 계획을 세우자고 말씀했습니다. 몇 년이 지나 그 교회는 5,000명이 넘는 회중으로 성장했습니다.
매년 여름 내가 대학에서 돌아오면 목사님과 나는 점심을 함께하곤 했습니다. 그는 전국적인 텔레비전 프로그램과 환자들의 '완치'를 위한 요양소 건축에 관한 그의 비전을 들려주었습니다. 나눔을 마치고 돌아올 때마다 내 마음은 기대감이 넘쳤습니다. 어느 것도 불가능하게 보이지 않았습니다."

여러분은 어떤 목사님과 함께 하겠는가?

우리들 각자는 이와 같은 사람들을 만났고 교제를 해 본 경험들이 있을 것이다. 소위 그들을 가리켜 '꿈이 있는 자' 와 '꿈이 없는 자'라 할 수 있다.

### 나. 내가 알고 있는 꿈이 있는 사람들

##  2 꿈이 있는 자와 꿈이 없는 자의 비교

### 가. 꿈이 있는 자의 특성

1) 그는 삶에 대해 권태를 느끼기보다는 오히려 _____를 느낀다.

　　(1) 꿈이 있는 사람은 생에 _____을 품고 있는 자이다.
　　(2) 그는 '_____'를 느낄 만한 시간이 없다.

2) 그는 _____ 으로 충만해 있다.

(1) 꿈이 있는 자는 일반적으로 목표 지향적이다.
(2) 그는 그가 하기를 원하는 일에 대한 명확한 마음의 계획을 가지고 그 마음의 계획이 실현되도록 그의 삶을 살아간다.
(3) 그 계획은 항상 그의 마음을 떠나지 않는다. 그는 그 생각과 함께 잠자리에 들고 또 일어난다.

3) 그는 장애물을 _____ 할 수 없는 것으로 여기지 않는다.

(1) 꿈을 가진 사람들은 장애물을 _____ 로 본다.

"기회가 올 때마다 그 속에서 만날 어려움을 생각하고
미리 얼어붙는 일을 경계해야 한다.
오히려 모든 어려움 속에서 기회를 찾아야 한다."
(월터 E 콜)

현재 자신이 처한 위치에서 꿈을 성취하는데 장애물이라고 생각하는 것은 무엇인가?


4) 그는 항상 _____ 인 태도를 가진다.

다음의 예를 보자.

> **예화**
>
> 서커스 퍼레이드에 서 보고 싶어 하는 한 나이 어린 소년이 있었다. 밴드 마스터는 마침 트럼본 연주자가 필요했다. 그래서 소년은 참가할 수 있었다. 밴드가 행진하기 시작했을 때 그들의 하모니는 괴상한 소리로 뒤죽박죽이 되어 버렸다. 밴드 마스터가 소년에게 와서 묻기를 "트럼본을 불지 못한다고 왜 나에게 말하지 않았지?" 소년이 대답했다. "트럼본을 불 줄 아느냐고 물어보시지 않았잖아요? 연주자가 필요하다고 하셨지 이것을 계기로 연주자가 되어 보려구요."

나는 긍정적인 편인가? 부정적인 편인가?

## 나. 꿈이 없는 자의 특성

1) 그는 _____ 과 책임감으로 _____ 일을 한다.

(1) 꿈이 없는 자는 무슨 일이든 _____ 무언가를 한다.

(2) 그의 동기는 늘 _____ 에서 온다.
   예를 들면, 그의 상사가 "이것을 해!"라고 말해야 그것을 한다. 스스로 찾아서 하지 않는다. 또한 상사가 말해도 불만을 많이 제기하거나 핑계를 찾는다.

※ 상대적으로 꿈이 있는 사람은 스스로가 원하기 때문에 무엇인가를 한다.
   그의 동기는 _____ 에서 우러나온다.


주위에서 의무감으로 일하는 사람들을 본 적이 있는가? 또한 나 자신도 의무감으로만 하고 있는 일은 무엇인가? 혹시 대학생이라면 공부나 순장의 역할도 간사님이 시키니까 마지못해 의무감으로만 하고 있지는 않은가?




2) 그는 일을 기피하고 _____ 이 있다.

나태함은 자신에게 자극을 주어 행동하게 하는 목표가 없는데서 비롯된다.
꿈이 없는 자는 '하루 8시간'짜리 인생이다. 그는 늘 하지 않으면 안 되는 것만을 하다가 하루를 끝낸다.

시간 점검을 잠시 해보자. 내가 나태하게 시간을 낭비하는 것이 하루에 얼마나 되는가? 또 어떤 영역에서 나태하게 시간을 쏟고 있는지 서로 나누어 보라.
그 시간만 줄여도 많은 생산적인 다른 일들을 할 수 있다. 줄일 수 있는 방법을 나누어 보라.


3) 그는 이 계획에서 저 계획으로

꿈이 없는 자는 택시에 올라 "빨리 갑시다."라고 말하는 사람과 같다. 택시 기사가 "어디로 갈까요?"라고 물으면 그는 "어디든 상관없으니 그냥 갑시다."라고 말한다. 보통 꿈이 없는 자는 이 일에서 저 일로 이 직장에서 다른 직장으로 왔다갔다 한다. 그가 추구하는 _____ 이 없는 까닭에 이리저리 떠돌아다닌다.

4) 그는 _____ 마음에 사로잡혀 있다.

전구 발명가인 토마스 에디슨은 발명가로서 자신의 생애를 통해 그가 항상 들어온 다른 사람의 말을 이렇게 써 놓았다. "그것은 결코 순조롭게 되지 않을 것이다." 에디슨이 유명한 발명가가 된 것은 그런 부정적인 소리를 무시했기 때문이다.

나의 꿈과 미래에 대해 내가 현재 가지고 있는 부정적인 생각들은 무엇인가?

_____

당신이 하나님의 관점에서 세상을 바라보는 것을 배울 때까지는 당신에 대한 하나님의 꿈을 발견한다는 것은 불가능한 일이다.

#  3 당신을 위한 하나님의 꿈을 발견하는 6가지 원칙

가. 하나님께서는 _____ 을 그에게로 돌이키시려는 꿈을 가지고 계심을 이해하라.

> "인자의 온 것은 잃어버린 자를 찾아 구원하려 함이니라."
> (눅 19장 10절)

종종 그리스도인들이 목표를 가지고 있지만 그 목표가 이기적인 동기에서 나온 것이 많다. 혹자는 법률가, 의사 혹은 정치가가 되는 꿈을 꾸고 있다. 그러나 당신이 해야 할 질문은 이 모든 것이 '누구를 위한 것인가?'이다. 현재 혹은 미래의 안정을 제공하기 위해서인가? 아니면 사회적인 명성을 얻기 위해서인가? 아니면 복음을 위해서인가? 라는 질문이다.

여러분이 자신의 이상을 십자가 밑에 내려놓았을 때에만이 비로소 예수님의 안목으로 온 세상을 바라보게 될 것이다.

만약 예수님의 최고의 목적인 '잃어버린 세상을 그에게로 돌이키는 것'이 우리 삶의 근본적인 동기라면 그때 주님께서는 우리 마음에 그의 꿈을 전달하기 시작하실 수 있다.

여러분은 이 세상에서 자신의 욕망을 위한 삶을 살 것인가 아니면 하나님께서 여러분의 삶을 통해 이루고자 하는 그 꿈을 향해 살 것인가의 고민을 시작해야 한다. 그것에 따라 삶의 방향성이 달라지기 때문이다. 내 꿈도 이루고 하나님의 꿈도 이루는 일석이조의 방식은 하나님 나라에서는 통하지 않는다. 하나님이 약속해 주신 것은 하나님의 꿈을 이루는 것이 내 삶을 가장 풍성하게 한다는 것이다. 그것을 신뢰하지 않으면 하나님의 꿈을 꿀 수 없다.

나. 당신을 위한 하나님의 꿈은 세상을 향한 그의 꿈을 이루는데 있어서 당신이 역할을 수행하는 것임을 이해하라.

하나님께서는 세상에 대한 꿈을 가지고 계신다. 우리가 예수님의 안목으로 세상을 바라보아야 한다는 것을 이해할 때 다음의 사실을 기억해야 한다.

하나님께서는 우리 각자에 대해서 꿈을 가지고 계신다.
우리를 향한 그 분의 꿈은 항상 잃어버린 세상을 그에게 돌이키시려는 그분의 계획에 전적인 참여를 기대하고 계신다. 즉 지상명령성취이다.

그러나 하나님의 계획안에서 각 사람이 수행하는 역할이 동일하지 않다. 하나님께서는 우리의 천부적인 능력을 최대로 활용하기를 원하신다. 어떤 이들에게는 그것이 음악을 통한 사역이 될 수 있고, 또는 다른 이에게 동기를 부여하는 일을 의미할 수도 있다. 그리고 이것은 우리 삶이 세상을 구하기 위한 그분의 계획을 위한 투자로써 사용되어야 함을 의미한다.

우리에 대한 하나님의 꿈을 발견한다는 것이 단지 우리의 재능이나 천부적인 능력을 발견하는 것은 아니다. 예를 들어 우리가 음악에 천부적 재능이 있다고 하자. 우리는 하나님께 그 재능을 발견하게 해 달라고 요청한다. 그리고 그 재능을 최대화해달라고 기도한다. 그러나 그 목적이 나의 꿈을 발견하는 것에서 그친다면 그것은 하나님의 꿈과는 관계가 없다.

우리에 대한 하나님의 꿈을 발견하는 것이 우리의 영적 은사를 발견하는 것과 동일한 것이 아니라는 것을 인식하는 것이 중요하다. 왜냐하면 하나님께서는 우리가 많은 천부적 재능을 소유하지 못하고 있다하더라도 초자연적인 방법으로 우리를 얼마든지 사용하실 수 있기 때문이다.

출애굽기 3:10-11절을 잠시 생각해 보자. 하나님께서 모세에게 "이제 내가 너를 바로에게 보내어 너로 내 백성 이스라엘 자손을 애굽에서 인도하여 내게 하리라" 말씀하시지만 모세는 하나님께 "내가 누구관대 바로에게 가나이까?"라고 대답한다. 이후 출애굽기 4:10에서도 모세가 여호와께 "주여 나는 본래 말을 잘 하지 못하는 자니이다 주께서 주의 종에게 명령하신 후에도 역시 그러하니 나는 입이 뻣뻣하고 혀가 둔한 자니이다."하고 말한다.

하나님께서는 모세에 대한 꿈과 초자연적인 계획이 있으셨는데 그것은 모세의 선천적 능력을 초월한 것이었다. 모세는 하나님이 자신의 연약함보다 더 강하다는 것을 깨닫고 우주 만물을 지으시고 다스리시는 하나님의 능력을 믿기로 선택했다.

그는 그의 불신을 제거해 버렸고 역사상 손꼽을 만한 인물의 한 사람으로 쓰임을 받았다.

1) 우리 생애에 가장 _____ 은 하나님께서 우리를 위해 가지고 계신 꿈을 발견하는 것이다.

2) 만약 우리가 우리에 대한 하나님의 꿈을 발견하지 못하고 우리 자신의 꿈만을 추구하며 살아간다면 _____ 가 있게 된다. (고전 3:10-15)

고전 3:10-15 [10]내게 주신 하나님의 은혜를 따라 내가 지혜로운 건축자와 같이 터를 닦아 두매 다른 이가 그 위에 세우나 그러나 각각 어떻게 그 위에 세울까를 조심할지니라 [11]이 닦아 둔 것 외에 능히 다른 터를 닦아 둘 자가 없으니 이 터는 곧 예수 그리스도라 [12]만일 누구든지 금이나 은이나 보석이나 나무나 풀이나 짚으로 이 터 위에 세우면 [13]각 사람의 공적이 나타날 터인데 그 날이 공적을 밝히리니 이는 불로 나타내고 그 불이 각 사람의 공적이 어떠한 것을 시험할 것임이라 [14]만일 누구든지 그 위에 세운 공적이 그대로 있으면 상을 받고 [15]누구든지 그 공적이 불타면 해를 받으리니 그러나 자신은 구원을 받되 불 가운데서 받은 것 같으리라

고린도전서 3:10-15은 한 인간이 그의 온 생애를 살고 난 후 그가 이룬 모든 일들이 무가치하게 판단될 수 있다는 사실을 가르쳐 준다.

알버트 스피어의 자서전을 보면 이 사실이 극적으로 예시되어 있다. 스피어는 개인적인 건축가이자 아돌프 히틀러의 신복이었다.
스피어는 건축가가 된지 얼마 안 되었을 때 한 축하 연회에 부인과 함께 참석했던 일화를 자세히 이야기하고 있다. 히틀러가 주최한 연회에는 외국고관과 제3독일연방 공화국 지도자 등 백여 명이 참석했다. 그는 천천히 히틀러의 화려한 연회 대열에 들어섰다. 히틀러가 그의 부인을 보며 말하기를 "부인 남편께서 나를 위해서 4천 년간 만들지 못했던 그런 건물들을 지을 것이요." 2~3년 후에 스피어는 히틀러가 말한 건물들을 건축했다. 웅장한 관청과 거대한 뉴렘베르크 스타디움을 건축했는데 이는 수십만 명이 앉을 수 있는 것이었다.

12년 후 연합군이 베를린에 입성하고 제3독일연방공화국이 몰락했을 때 스피어는 자신의 지도자를 위해 건축했던 그 관청의 폐허 속에 서 있었다. 그의 자서전에서 스피어가 쓰기를 '나는 어느 누구에게 말 한마디 하지 않고 그 관저를 떠 났다. 약간의 긴 간격으로 러시아 군함의 폭음을 들었다. 그것이 그 관청에 대한 나의 마지막 방문이었다. 수년전 나는 완전한 계획 속에 미래에 대한 전망과 꿈을 가지고 그 건물을 건축했었다. 이제 나는 내가 지은 폐허가 된 건물을 떠난다. 내 생애 가장 의미 심장한 건물을.......'

하나님 안목에서 볼 때 자신의 꿈을 추구하는 인간의 꿈은 종국에는 망하고 말게 될 것이다. 이 세상에서 망하지 않는다면 그때는 영원한 심판으로 기억될 것이다.

다. 만약 그리스도께서 당신의 직무 설명서(Job Description)를 가지셨다면 무엇을 _____ 하실 것인가를 생각하라. (고전 2:16; 갈 2:20)

만일 예수님께서 나의 직무설명서를 가지고 계시다면, 그분은 무엇을 생각하고 계획하실까?

그리스도께서 우리의 직무를 어떻게 보실 것인가를 살펴보는 것은 우리에 대한 하나님의 꿈을 발견하는데 있어서 중요한 개념 중의 하나이다.
만약 예수님이 학생이라면 그는 단지 아침에 학교에 가서 공부하다가 저녁에 집에 돌아오는 날마다 그런 순환만을 거듭할까?
만약 그가 사업가라면 그의 가장 주된 동기가 이윤을 많이 내는 것일까?

여러분이 현재 하고 있는 일에 대해, 시간을 보내고 있는 방법에 대해 그리스도께서 어떻게 보실 것이라고 생각하는가?

라. _____ 인 기도를 드리라.

"주 예수님 만일 당신께서 저라면 성령의 능력 안에서 무엇을 계획하시고 또 실행하시겠습니까?"

일단 우리가 주님의 마음을 생각하면서 이 기도를 평생 습관적으로 하게 된다면 우리의 삶은 결코 이전과 같을 수 없을 것이다.

마. 하나님께 당신에 대한 하나님의 꿈을 드러내 주시도록 _____ 을 드리라.

1) 하나님과 은밀히 만날 수 있도록 충분한 시간을 따로 떼어 놓으라.

2) 이것을 평생 _____ 하라.
주님과 함께 혼자 반나절 또는 하루 종일을 보낸 마지막 시간이 언제였는가?
여러분들은 주님과 단 둘이서 이틀 혹은 3일 내내 시간을 보낸 적이 있는가?
대부분 우리들은 아직 이런 훈련을 시도해 보지 않았다. 하나님께서 우리를 위해 가지고 계신 놀라운 일들을 발견할 수 있는 기회를 스스로 잃고 있는 것이다.

바. 하나님께서 시간이 지남에 따라 _____ 으로 당신에게 그의 꿈을 드러내 주실 것임을 이해하라.

1) 오늘날 하나님께서는 사도들에게 하셨듯이 직접적인 방법으로 그분의 꿈을 나타내시지는 않는다.

2) 오히려 우리는 _____ 그의 꿈을 이해하게 된다.

3) 즉, 하나님께서 우리 생애에 대한 그분의 완전한 꿈을 _____ 나타내실 것이다.

우리에 대한 하나님의 계시는 점진적이다. 그는 큰 꿈들을 가지고 계신다. 그는 우리 각자에게 그의 꿈을 나타내 보이시기를 원하신다.

그러나 그가 우리에게 나타내 보이시는 것에 우리가 충성하지 않으면 이러한 꿈들을 결코 우리에게 나타내지 않으실 것이다. 하나님께서 우리의 충성심을 보실 때 우리에게 보다 많은 책임을 부여하실 것이다.

## 👍 4 주님과 함께 오랜 시간을 보내는 것에 대한 제안

가. 이 시간을 준비할 때, 적어도 100 페이지 가량의 _____ 을 구입하라.

당신에게 일어난 일들과 하나님께서 당신에게 가르치실 교훈들을 기록하기 시작하라.

나. 이 시간을 갖는 동안, 시편의 일부를 읽으라. 읽으면서 당신의 필요한 바를 표현하면서 주님에 대한 기도를 적고 _____ 하고 _____ 하라.

다. 지난해를 돌이켜 보고 주님께서 당신에게 가르치신 교훈들을 _____ 해서 기록하라.

라. 정확히 당신의 _____ 을 정하고 만일 그리스도께서 당신의 직무 설명서를 갖고 계신다면 어떻게 생각하셨을 것인가를 생각하기 시작하라.

'주 예수님 만일 당신이 저라면 성령의 능력 안에서 무엇을 하시고 무엇을 계획하시겠습니까?' 라고 기도하고 여러분의 최초의 느낌을 기록하라. 끈기 있게 해야 한다.

- 당신은 생애를 마칠 때 어떤 평가를 받기 원하는가?
- 앞으로 5년 동안에 일어나기를 원하는 일은 무엇인가?
- 올해 하나님께서 당신을 통하여 무슨 일을 하시기를 원하는가?

여러분들이 이렇게 기도하기 시작할 때 처음에는 생각이 느릴지 모르나 계속하면 자유롭게 흐를 것이다. 하나님께 당신 평생에 대한 계획들을 주시기를 간구하라.

1) 그것은 _____ 과 일관성이 있는가?

2) 그것은 지상명령을 촉진시키는 것인가?

마. 집중적으로 _____ 하고 _____ 하는 시간의 중간에 산보를 하거나 성가 등의 테이프를 들으면서 쉬도록 하라.

바. 당신의 기도 일지와 일기장에 기도에 대한 구체적인 ___을 기록하라.

사. 미래를 향한 구체적인 기도 ___을 기록하되, 하나님이 당신에게 주기 시작하는 꿈을 포함시키라.

　이것은 단지 하나님과 여러분이 함께하는 시간을 위한 몇 가지 제안에 불과하다. 여러분이 이들을 실행하기 시작하면서 하나님과의 시간을 보내는 동안 다른 창조적인 생각들을 주실 것을 하나님께 기대하라.

　여러분은 여러분에 대한 하나님의 꿈을 발견하기를 원하는가? 여러분들이 사역에 전적으로 종사했음에도 목적의식이 없고 정신적으로 표류하듯이 보이는 삶에 만족하는가?

👍 **5 실천사항 : 당신을 위한 하나님의 꿈을 발견하는 과정을 시작하면서 주님과 함께 혼자서 3시간을 보내라.**

## 개인 워크숍

당신의 삶을 특정 짓고 있는 것은 어느 것인가?
만일 당신의 삶을 특정 짓는 것이 있다면,
당신의 경험 가운데서 그에 대한 것을 간략히 기술하라.

(    ) 삶의 권태를 느끼기보다는 흥미롭다.




(    ) 기대감으로 충만해 있다.




(    ) 장애물을 극복하지 못할 것으로 여기지 않는다.




(    ) 긍정적인 태도를 가진다.

(    ) 의무감 내지 책임감으로 마지못해서 일을 수행한다.

(    ) 일을 기피하고 게으르다.

(    ) 이 계획에서 저 계획으로 떠돌아다닌다.

(    ) 부정적인 마음에 사로잡혀 있다.

# 자기점검복습

당신의 천부적인 재능으로 생각하는 것을 열거해 보라.

당신은 당신의 천부적인 재능을 극대화하고 있는가?

출애굽기 3장과 4장 특히 3:10-12, 4:10-12을 주의해서 읽고 또한 고린도후서 12:9와 히브리서 11:6, 32-34을 읽으라. 다음 질문에 정직하게 답하라.

> 고후 12:9 나에게 이르시기를 내 은혜가 네게 족하도다 이는 내 능력이 약한 데서 온전하여짐이라 하신지라 그러므로 도리어 크게 기뻐함으로 나의 여러 약한 것들에 대하여 자랑하리니 이는 그리스도의 능력이 내게 머물게 하려 함이라
>
> 히 11:6 믿음이 없이는 하나님을 기쁘시게 하지 못하나니 하나님께 나아가는 자는 반드시 그가 계신 것과 또한 그가 자기를 찾는 자들에게 상 주시는 이심을 믿어야 할지니라
>
> 히 11:32-34 [32]내가 무슨 말을 더 하리요 기드온, 바락, 삼손, 입다, 다윗 및 사무엘과 선지자들의 일을 말하려면 내게 시간이 부족하리로다 [33]그들은 믿음으로 나라들을 이기기도 하며 의를 행하기도 하며 약속을 받기도 하며 사자들의 입을 막기도 하며 [34]불의 세력을 멸하기도 하며 칼날을 피하기도 하며 연약한 가운데서 강하게 되기도 하며 전쟁에 용감하게 되어 이방 사람들의 진을 물리치기도 하며

당신은 잠재의식 속에서 당신의 천부적인 재능에 하나님을 제한시키고 있는가?

당신이 연약하고 심지어 어떤 특정한 '영적 은사'를 가지고 있지 않더라도 하나님께서는 초자연적인 방법으로 당신을 활용하실 꿈을 당신에게 드러내 보이실 수 있다고 믿는가?

당신이 어떤 꿈을 가지고 있다면 그 꿈을 열거해 보라.
당신은 당신의 꿈이 곧 하나님의 꿈이라고 확신하는가? 고린도전서 3:10-15을 묵상하라.

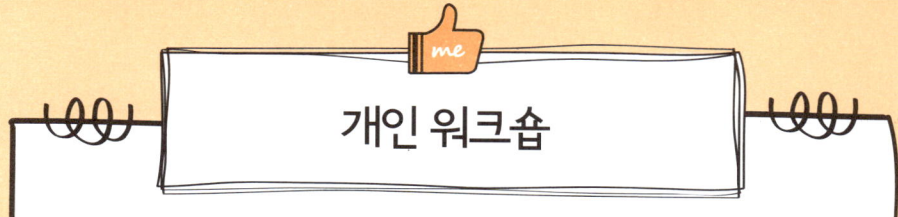

# 개인 워크숍

### 장래를 살피기 시작함

하나님께서 당신을 위한 그의 꿈을 당신에게 주시기를 간구하는 과정을 시작하라.
"주 예수님, 당신께서 저라면 이 땅을 떠나기 전 아버지의 영광과 그의 나라의 확장을 위해서 무엇을 이루시길 추구하시겠습니까?"

묵상하면서 당신의 최초의 느낌들을 적기 시작하라. 정답을 적으려고 하지 말고 주님께서 당신 마음에 생각나게 하는 것은 무엇이든 기록하라. 그리고 나서 30여분 후에 당신이 적은 것을 검토해 보라. 최종적으로 당신의 생각들을 하나 혹은 두 문장 정도로 요약한 후 이 문장에서 당신에 대한 하나님의 꿈을 드러내기 시작하도록 하라.

당신의 꿈을 요약하라.

이제 장래 5년을 생각하고 기도하라. "주 예수님 당신께서 저라면 지금부터 5년간 무엇을 하시겠습니까?"

다시 당신의 일반적인 생각을 적어보고 그리고 나서 그것들을 검토하라.
 최종적으로 당신의 생각들을 몇 개의 문장으로 요약하고 요약된 당신 꿈에 대한 문장을 기도일지에 쓰고 기도로 매일 그것을 검토하라. 하나님의 제단에 그것을 놓아두고 주께서 당신의 마음에 그의 꿈을 성숙시켜 나갈 때마다 그것을 평가하라.

짧게 요약하라.

오늘부터 앞으로 1년을 내다보고 기도하라.
"주 예수님, 당신께서 저라면 지금부터 일 년간 무엇을 하실 것입니까?"

## 당신의 위치를 평가함

왼편에 제시된 범위 내에서 지금 당신이 하고 있는 것을 열거해 보라. 그리고 나서 "주님이 나라면 그분은 무엇을 실행하실 것인가?"라고 자문해 보라.

다음 질문을 통해서 당신의 해답을 평가하라.

이것이 지상명령과 어떤 관련이 있는가?
이것이 나에 대한 하나님의 꿈과 어떤 관련이 있는가?
이것이 내 가족, 직장, 교회 등에 대한 나의 헌신과 어떤 관련이 있는가?
이것이 지금 내가 받고 있는 훈련(무슨 훈련이든)과 어떤 관련이 있는가?

|  | 내가 지금 하고 있는 일 | 주님이 나라면 그분이 하실 일 |
|---|---|---|
| 나의 가정 혹은 생활환경 속에서 |  |  |
| 나의 직장 혹은 학교에서 |  |  |
| 나의 여가 활동에서 |  |  |
| 지역사회에서 |  |  |
| 교회나 선교단체에서 |  |  |

당신이 공동체 훈련이나 어느 다른 훈련계획에 참여하고 있다면 그 훈련은 당신을 위한 하나님의 꿈과 어떤 관련이 있는가?

오른쪽 빈칸에 당신을 위한 하나님의 꿈의 여러 측면을 요약하라.
그 다음에 벽이나 담 위에 그 꿈에 대한 내적 외적인 장애물을 기록하라.
마지막으로 당신을 위한 하나님의 꿈에 관한 그의 약속을 성경에서 찾으라.

## 하나님의 제단에 당신의 꿈을 바침

만일 우리가 우리를 위한 하나님의 꿈을 발견하는 평생의 과정을 누리려면 그것은 우리의 꿈을 하나님의 제단에 올려 두는 것임을 뜻한다는 것을 이해해야 한다.

우리는 잠재의식 속에서 "이것이 나의 꿈이다"라고 흔히 말한다. 우리가 이렇게 말할 때 우리는 하나님의 꿈이 실현되는 것을 보는 1차적인 책임을 가졌기 때문에 거대한 중압감 속에서 살아간다. 하나님의 꿈은 우리가 발견하기에는 엄청나게 크다.

창세기 22:1-19절을 읽고 아브라함이 하나님의 제단에 이삭을 올려놓았듯이 당신이 당신의 꿈을 제단에 기꺼이 바칠 수 있는지 자문해 보라. 당신에 대한 그의 꿈을 이루실 이는 바로 하나님이시라는 사실을 깨달으면서 이 일에 대해 잠시 묵상을 하라.

### 나의 기도

당신의 꿈을 하나님의 제단에 바치고 그분께 그것의 성취에 관한 궁극적인 책임을 드리면서 주님께 당신의 기도를 작성하라. 날짜를 쓰라.

잃어버린 세상을 그에게로 돌이키시려는 하나님의 꿈을 결코 잊지 말라!

# 당신을 위한 하나님의 꿈을 발견하는 방법 II

## How to Capture God's Dream for Your Life II

— 개 관 목 적 —

이 과의 목적은 당신에게 일상생활 속에서 하나님의 꿈이 실현되는 것을 알려 줄 원리들을 전달하는 것이다.

### 학 습 목 표

이 과가 끝날 때 당신은,

    1. 당신을 위한 하나님의 꿈을 이루는데 필수적인 여섯 가지 핵심 원리들을 말할 수 있다.
    2. 이 원리들을 개인 묵상 워크숍에 적용할 수 있다.

#  1 당신을 위한 하나님의 꿈을 발견하는 방법

**가.** 일단 하나님께서 그의 꿈을 보이시면 그는 당신에게 하도록 요구하시는 모든 것에 대해 _____ 이 있으심을 이해하라. 그의 충분한 능력은 끝없는 _____ 과 _____ 사고를 위한 근거가 된다. (출 3:10-12, 4:10-12)

> **출 3:10-12** ¹⁰이제 내가 너를 바로에게 보내어 너에게 내 백성 이스라엘 자손을 애굽에서 인도하여 내게 하리라 ¹¹모세가 하나님께 아뢰되 내가 누구이기에 바로에게 가며 이스라엘 자손을 애굽에서 인도하여 내리이까 ¹²하나님이 이르시되 내가 반드시 너와 함께 있으리라 네가 그 백성을 애굽에서 인도하여 낸 후에 너희가 이 산에서 하나님을 섬기리니 이것이 내가 너를 보낸 증거니라

> **출 4:10-12** ¹⁰모세가 여호와께 아뢰되 오 주여 나는 본래 말을 잘 하지 못하는 자니이다 주께서 주의 종에게 명령하신 후에도 역시 그러하니 나는 입이 뻣뻣하고 혀가 둔한 자니이다 ¹¹여호와께서 그에게 이르시되 누가 사람의 입을 지었느냐 누가 말 못 하는 자나 못 듣는 자나 눈 밝은 자나 맹인이 되게 하였느냐 나 여호와가 아니냐 ¹²이제 가라 내가 네 입과 함께 있어서 할 말을 가르치리라

하나님께서는 우리에게 감당할 힘도 주시지 않으면서 어떤 일을 하도록 요구하시지 않는다는 사실을 이해하라.

1) 당신의 영적 은사에 대해 자신이 안다고 해서 하나님을 _____ 하지 말라.

모세는 스스로 이스라엘 백성을 이집트로부터 인도할 언변의 은사(그리고 생각건대 다른 지도력의 은사)가 없다고 생각했다. 그럼에도 불구하고 하나님께서는 모세에게 권능을 주사 그를 부르신 목적대로 그 일을 수행케 하셨다. 우리는 복음전도나 행정과

같은 특별한 재능을 가지고 있지 않다고 느끼기 때문에 너무나 자주 하나님의 꿈을 발견하고 이루는 것을 놓치고 있다.

그러나 만일 우리가 하나님께서 사용하시도록 순종만 한다면 하나님은 초자연적인 방법으로 모세처럼 우리를 사용하실 것이다.

그러므로 자신의 영적인 은사에 대해 스스로 알고 있다고 해서 (얼마나 할 수 없는지 또는 할 수 있는지) 하나님을 제한해서는 안 된다. 우리는 우리의 '영적 은사' 뒤에 숨어버림으로써 (못한다고) 얼마나 자주 믿음 생활을 합리화하고 있는지 모른다.

하나님은 모세가 연약하고 부적합하다고 주장함에도 불구하고 그를 사용하셨다. 왜냐하면 어차피 이 일은 모세의 능력이 아닌 하나님이 하실 것이기 때문이다. 그러므로 하나님은 여러분도 사용하실 수 있다.

2) 하나님으로 _____ 고 말하는 사람을 망설임을 보이거나 자신감이 결여된 소심한 사람과 대조하라.

모세는 겁이 많은 사람이었다. 처음에 이집트에서 사람을 죽였을 때 그는 도망갔다. 그러나 그는 그의 소심함에 굴복하지 않았다. 처음에는 망설였지만 일단 하나님이 맡겨주신 임무에 대해 하나님을 신뢰하기로 마음을 먹었다. 출애굽기의 나머지 부분과 민수기 그리고 신명기를 읽게 되면 담대함으로 이스라엘 백성들을 이끈 모세를 발견하게 될 것이다. 그는 앞으로 걸어가 완악한 이집트 왕에게 하나님의 요구를 제시했다. 그는 극복할 수 없는 장애물 앞으로 전진했고 결국 그의 앞에서 홍해가 갈라지는 것을 보게 되었다.

하지만 우리들 대부분은 소심함에 굴복하고 만다. 우리는 하나님의 광대한 능력의 원천을 우리의 것으로 삼지 못하고 있다. 그래서 뒤로 물러서고 마는 것이다.

> **예화**
>
> "아마 내가 여덟 살 가량이었을 때 나의 첫 미식축구 연습 날이었던 것으로 기억한다. 그곳에는 두 개의 라인이 있었는데 하나는 태클링 라인이고 다른 하나는 러닝라인이었다. 코치가 러닝라인에 있는 아이 중 한명에게 볼을 던졌고 태클링 라인에 있는 아이는 그에게 태클을 시도했다. 그런데 태클을 받았던 한 아이가 너무 심하게 태클을 받은 나머지 그만 쓰러지고 말았다. 나는 피투성이가 되어 매우 고통스러워하며 그라운드 가운데 구르고 있던 그를 기억한다. 그때 나는 볼을 잡아 달리고 있던 아이들의 라인 뒤편에 있었다. 라인이 앞으로 이동할 때 나는 뒤로 물러섰다. 그 때문에 나는 단 한 번도 어느 누구로부터 태클을 받지 않았다."

위의 예화를 우리 삶에 적용해 보라

나. 하나님의 뜻 안에서 실패한다는 것은 _____ 하다는 것을 이해하라.

실패에 대한 두려움이 아마도 하나님께서 우리를 향해 가지신 꿈을 이루는 데에 있어 가장 큰 걸림돌이 될 것이다.

실패란 문자 그대로 자신 혹은 누군가를 실망시킨다는 의미이다. 다시 말하면 우리 모두는 스스로 자신에 대해서 설정한 어떤 기준을 가지고 있다. 이렇게 자신에 대해 설정한 기준에 미달할 까봐 두려워 차라리 실패할 가능성이 있는 어떤 것도 시도하지 않는 사람들이 많이 있다.

> **예화**
>
> "어렸을 때 아버지는 항상 내가 큰 리그의 야구 선수가 되길 원하셨던 기억이 난다. 우리가 성장하고 있었을 때는 항상 조그만 리그의 팀에서 게임을 했다. 나는 타석에 설 때마다 필사적으로 아버지를 기쁘게 해드리고 싶었다. 하지만 어떤 게임에서 내가 투수가 던진 스트라이크를 놓치기라도 하면 내내 "애야 제발 좀 치거라" 하시던 아버지의 음성을 듣던 일을 아직도 기억할 수 있다.
> 아버지와 내 자신을 실망시킨 시합이 끝난 후 나의 낙망이 아직도 기억이 난다. 때때로 내가 시합을 형편없이 치루고 나면 나는 아예 방 밖으로 나가고 싶지도 않았다."

위의 예화를 우리 삶에 적용해 보라.

지금 우리는 어린 아이가 아님에도 불구하고 실패에 대한 두려움을 둘러싸고 있는 무기력함을 체험하고 있다. 우리가 무언가를 시도했다가 우리의 기대에 이르지 못했을 때의 느낌을 인식하고 있다. 그리고 종종 과거 실패에 대한 생생한 기억들이 하나님께서 우리에게 주실 새로운 모험들을 시도하지 못하도록 하고 있다. 따라서 우리는 자기 연민과 좁은 울타리 안에서 우리 생애의 상당한 부분을 허비하고 있는 것이다.

1) 실패에 대한 가능성 때문에 무언가를 시도하지 못하는 사람은 이미 실패한 것이다.

2) 만일 하나님께서 당신이 어떤 단계를 취하도록 격려하시는 듯하면 비록 당신이 반드시 도달해야 할 목표에 이르지 못할지라도 그 단계는 이미 _____ 것이다.

우리들 중 너무나 많은 사람들이 실수를 두려워 하거나 비판을 받지 않으려고 하기 때문에 삶을 실패하게 된다.

'나는 실패자다'와 '나는 실패했다'고 말하는 데에는 큰 차이점이 있다.
전자는 지속적이고 후자는 일시적인 것이다.

만일 우리가 자신을 실패자로 보고 있다면 우리는 거의 항상 실패할 것이다.
만일 우리가 자신을 '하나님의 능력으로 충분하다'고 본다면 항상 성공할 것이다.

하나님께서는 우리를 성공하도록 창조하셨음을 기억하라. 그는 우리에게 성경과 함께 성공적인 그리스도인의 삶을 위해 필요로 하는 모든 원천을 주셨다. 우리가 실패할 수도 있겠지만 우리가 소위 말하는 '실패'란 진정한 의미에서 하나님의 꿈에 대한 디딤돌에 불과하다.
이런 관점을 가진 사람들은 그를 위한 하나님의 꿈을 반드시 이루게 될 것이다.

3) 당신은 실패보다는 오히려 정체와 게으름과 지루함을 훨씬 더 _____ 해야 한다.

하나님은 결코 당신에게 실패자라고 말씀하시지 않는다.

다. 근면하라.

1) 근면이란 과업을 굳게 붙잡고 _____ 포기하지 않는 것이다.

'위대한 사람들이란 단지 특출한 결단력을 가진 평범한 사람들일 뿐이다.'라는 말이 있다.

다음의 예화를 보라.

> **예화**
>
> 네덜란드로부터 미국으로 온 한 이주민에 대한 이야기가 있다. 그는 미개척지인 아이오와주에서 한 농장을 시작했다. 그 땅은 경계가 없었다. 따라서 요령은 똑바로 긴 고랑을 파 놓는 것이었다. 그는 언덕위로 가서 말뚝을 박고 그 말뚝 위에 손수건을 매어 놓았다.
>
> 그의 경작지로 내려와서는 쟁기를 땅에다 박고 그의 눈을 말뚝에 고정시키고 그의 소를 채찍질하여 그의 첫 긴 고랑을 파 나갔다.
>
> 그는 '일단 흙을 파기 시작해서 깃발을 향해 출발을 했다면 뒤를 돌아보지 마라. 그 깃발을 계속 지켜 보라. 당신이 넘어질 수도 있고, 당신이 지칠 수도 있고, 당신이 주저앉을 수도 있다. 그러나 당신이 무엇을 하더라도 뒤를 돌아보지 마라. 그렇지 않으면 당신은 비뚤어진 고랑을 파고 말 것이다'라고 말하곤 했다.

2) 근면한 사람과 포기하는 사람을 대조하라.

　　포기하는 것은 하나님의 꿈을 ＿＿＿＿＿ 것이다.(그만 두는 것은 어려움 때문에 목표를 포기하는 것이다.)


## 라. 당신의 꿈을 하나님의 제단에 올려놓으라.

　잘못하면 우리는 나를 통한 '하나님의 꿈'이 아닌 하나님께 소원하는 '나의 꿈'을 이루고자 살아갈 수 있다. 내가 '나의 꿈'을 실현하고자 할 때 우리는 세상적인 압박감 아래에서 살아가게 된다. 그리고 그것을 하나님의 뜻으로 착각하게 된다. 그리고 부담을 느끼거나 하나님이 안 도와주신다고 원망하게 된다. 나의 꿈을 하나님의 제단에 올려놓아야 한다. 그분의 꿈으로 바꾸어 놓아야 한다. 그렇다고 나의 꿈이 없어지는 것이 아니다. 그분의 제단에 나의 꿈을 드릴 때 그분은 그것을 가장 아름답게 승화시켜 더 멋진 꿈으로 만들어 그것을 성취하도록 부르실 것이다.

하나님의 꿈은 너무 광대하시기 때문에 하나님만이 성취하실 수 있다.

국제 CRU(CCC의 새 이름) 간사님 한 분의 예화를 읽어보자.

### 예화

"아주 오래전 이야기입니다. 내가 필리핀에 있었을 때 우리 사역을 맡은 훈련간사들은 훈련센터를 세우기 위해 노력하고 있었고 마닐라 중심가를 통하여 학생들의 대규모 예수 대행진을 계획했습니다. 그 행진의 목적은 정치적인 불안 중에서 예수 그리스도만이 격렬하고 피비린내 나는 혁명에 대한 유일한 해결책임을 보여주기 위한 것이었습니다. 나는 그 행진에 최근의 노조 시위보다 20,000명이 더 많은 50,000명의 참석을 계획했습니다.

그런데 그 행진 아침에 라디오 아나운서가 태풍경보를 방송했습니다. 그리고 우리 400명이 행진을 시작했을 때 비가 억수같이 퍼붓기 시작했습니다. 나는 의기소침하고 씁쓸한 마음으로 하나님께 왜 그에게 영광 돌리려던 행진을 날씨로 망치게 하셨는지 물으면서 그날을 보냈습니다.

그 후 약 100여 명 학생들이 우리가 휴식을 취하며 간식을 먹고 있던 곳으로 나아왔습니다. 나는 100여명의 이 학생들보다 더 열렬했던 사람들을 본 적이 없습니다. 그 예상 외의 경험은 우리가 함께 일하고 있던 학생들 가운데서 진정한 헌신을 창조했고 이들 중 많은 수가 지금 CRU(CCC)간사로 일하고 있습니다. 그들은 필리핀 전국적으로 영적 혁명의 원동력이 되었습니다."

아무리 영적으로 훌륭한 계획이라도 그것은 본인의 꿈이 될 수 있다. 하나님께서는 때로 50,000명의 군집한 인원보다는 100명의 헌신된 사람을 더 필요로 하실 수 있다.

위의 CRU(CCC)간사의 첫 계획은 실패로 보일지 모르나, 하나님의 계획은 결코 실패하지 않았다. 그러므로 우리는 우리가 계획했을지라도 그것을 하나님의 제단에 드려 하나님이 기뻐하시는 제물로 만들어야 한다.

마. 시작하라.

바. 잃어버린 세상을 그에게로 돌이키시려는 _____ 의 꿈을 잊지 말라.

　당신은 잃어버린 세상에 대한 열정을 가지고 있는가? 당신의 꿈이 하나님의 관점과 잃어버린 세상을 그에게로 돌이키시려는 그분의 마음에서 비롯되어 형성되었는가?
　1975년 4월 7일자로 된 다음 편지는 캄보디아에 있는 한 CRU(당시 CCC)간사로부터 온 것이다. 그와 그의 아내 그리고 어린 아이는 아마 지금 주님과 함께 있을 것이다. 그 편지는 공산군인 크메르 루즈군들이 캄보디아의 수도 프놈펜을 함락시키기 바로 직전에 씌여진 것이다.
　군인들이 그 도시에 밀어닥치자마자 그들은 200만 명 이상의 거주민들로 그 시를 떠나게 하여 수마일을 시골로 걸어서 가도록 강요했다.

Huong(Hwong) Samouen(Som-Win)과 그들의 어린아이들이 그 대열에 있었다. Huoug은 다음과 같이 쓰고 있다.

> **예화**
>
> "친애하는 베일리 막스(Bailey Marks)씨 (참고: 국제 CCC 리더간사)! 무엇보다도 손으로 이 글을 쓰게 됨에 당신의 용서를 구합니다. 아시다시피 이 상황 속에서는 전기가 없어 우리의 영문 타자기를 사용할 수가 없습니다. 48시간 중 단지 2~3시간만 전기가 들어오는 실정입니다. 우리가 12월 지출 분으로 285.80$의 수표를 받았음을 알려드립니다. 그러나 우리는 이것을 현금으로 바꿀 수가 없습니다.
>
> 이제 모든 수업들이 폐쇄되었습니다(대학, 고등학교, 사립학교). 우리는 우리 처소에서 연락을 취하고 있습니다. 상황이 매우 심각합니다. 우리는 내일이나 다음 주에 무슨 일이 발생할지 알 수가 없습니다. 그러나 우리는 우리 주 예수 그리스도를 위해 살다가 죽는다는 것이 행복하기만 합니다. 이 시점에 캄보디아에는 어느 선교사도 없으며 또한 우리의 몇몇 기독교 지도자들도 국외로 빠져나가길 원하고 있습니다.
>
> 그러나 우리 모두는 주님을 위해 캄보디아에 우리 손이 미치는 한 우리 생애의 최후의 일각까지 우리 주 예수 그리스도를 섬기기로 작정했습니다. 영육 간에 우리의 강건함을 위해 계속 기도해 주십시오. 하나님의 뜻이라면 우리가 죽기 전 다시 한 번 볼 수 있거나 아니면 우리가 하늘나라에서 서로 마주할 것이라고 믿습니다.
>
> 우리 주 예수 그리스도 안에서 당신의 Huong과 Samouen과 아기가."

잃어버린 자를 구원하는 것이 항상 하나님의 꿈임을 잊지 말아야 한다.
그분은 나를 통해 그 꿈을 실현하시기를 원하시고 계신다.
그분의 꿈은 세상 끝날까지 변하지 않을 것이다.

당신은 당신의 꿈을 꾸기를 원하는가?
아니면 하나님의 꿈을 당신의 삶을 통해 성취하시기를 원하는가?

## 당신을 위한 하나님의 꿈을 이루는
## 개인 워크숍

다음의 내용들을 모두 채우라. 당신을 위한 하나님의 꿈을 요약하라. 이것은 1년 혹은 5년간의 꿈, 혹은 평생의 꿈을 의미할 수도 있다. 그리고 당신을 위한 하나님의 꿈을 이루는 것에 대해 생각할 때 당신이 직면하는 내적 혹은 외적 장애물을 적어보라. 마지막으로, 당신의 꿈에 연관되는 성경의 약속들을 인용하라.

나를 위한 하나님의 꿈

하나님의 꿈을 성취하는데 대한 내적, 외적 장애물
예 : 실패에 대한 두려움, 소심함 등

하나님의 약속들

## 나의 기도

당신의 꿈을 주님의 제단에 바치고 주님께 그것의 성취에 대한 궁극적인 책임을 드리면서 주님께 드리는 개인 기도를 기록하라. 날짜를 쓰라.

# 품격 있는 데이트

- 개 관 목 적 -

이 과의 목적은 당신이 하나님께서 원하시는 건강한 이성교제에 대해 올바로 아는데 있다.

## 학 습 목 표

이 과가 끝날 때 당신은,

1. 데이트의 원리들을 알고 적용하는 법을 배우게 된다.
2. 예비 배우자로서의 가능성을 분별 할 수 있게 된다.

 **1 서론**

가. 삶은 사람들과 서로 _____ 사는 것이다. 삶은 고립되어 혼자 살도록 되어진 것이 아니기 때문이다. 삶이란 만남의 교제이다.

나. 우리는 우리 자신만으로 완전하지 않다. 하나님께서는 다른 사람을 사용하셔서 우리를 완전하게 하시는데 결혼을 통해서도 하시고 그리스도의 지체를 통해서도 하신다. 결국 우리는 그리스도 안에서 완전해진다. (고전 12:12-27)

 **2 교제**

가. 이성 교제란 무엇인가?

　1) 정의 : 웹스터 – 이성교제란 이성과의 사이에 사회적인 _____ 이나 _____ 을 말한다.

　2) 교제의 유형들

　　(1) _____ – 친구관계의 성립은 많은 여성과 남성 사이에 의미 있는 교제와 관계를 증진시킴으로서 우리의 사회적인 삶의 균형과 확장을 돕는다.

　　(2) _____ – 일생의 동반자로서 잠재적인 가능성이 있는 어떤 특정인과 시간을 보내는 것을 말한다.

## 나. 왜 교제를 하는가?

1) 하나님께 _____ 을 돌리기 위해서이다. (고전 10:31)

> 고전 10:31 그런즉 너희가 먹든지 마시든지 무엇을 하든지 다 하나님의 영광을 위하여 하라

2) 결혼은 _____ 이다. (창 2:18-20)

  (1) 하나님은 인간에게 _____ 하는 인생을 살고 싶은 욕망을 주시지 않았다.

> 창 2:18 여호와 하나님이 이르시되 사람이 혼자 사는 것이 좋지 아니하니 내가 그를 위하여 돕는 배필을 지으리라 하시니라

    a. 사람이 _____ 하는 것이 좋지 않다.
    b. 여성은 _____ 이다.
    c. 여성은 남자를 위해 _____ 지어졌다.
       그녀는 남자를 완전하게 하기 위해 특별히 지음을 받았다.

  (2) 하나님께서는 아내를 찾는 것이 선한 일이라고 생각하신다.

> 잠 18:22 아내를 얻는 자는 복을 얻고 여호와께 은총을 받는 자니라

    a. 교제는 일생의 동반자를 발견하는 방법이다.
    b. 올바른 사람을 _____ 올바른 사람이 _____ 하라.

3) 교제중에도 상대방에게 _____ 이 될 수 있다.

4) 교제는 당신의 _____ 을 성숙시킨다. 예를 들면 당신은 이성과 함께 있을 때 어색해하지 않고 대화하는 법을 배우게 된다. 자기와 다른 이성과의 교제도 성숙과 성장의 과정이다.

   (1) 이성과 어떻게 교제를 하는지에 대해 배우라.
   (2) 서로의 영적 성장을 격려해 주는 만남이 되게 하라.

5) 이성 교제는 재미도 있다. 즐거운 시간을 가지기 위한 목적도 있다. 건전한 즐거운 시간을 많이 가지라.


## 다. 누구와 교제해야 하는가?

1) 성경은 _____ 와 결혼해야 한다고 말한다. (고후 6:14)

고후 6:14 너희는 믿지 않는 자와 멍에를 함께 메지 말라 의와 불법이 어찌 함께 하며 빛과 어둠이 어찌 사귀며

   (1) 우리는 결국 교제하는 사람들 중 어떤 한 사람과 결혼하게 될 것이다.

   (2) 그러므로 _____ 과 교제해야 한다.

   (3) 그리스도인과 교제를 해야 하는 또 다른 이유는
      a. 예수님이 나의 생애에 가장 중요한 사람이므로 비 그리스도인과의 교제와 결혼은 결국 하나님의 명령에 불순종하는 것을 의미한다.
      b. 주님이 우선순위라면 그 다음은 배우자다, 그러므로 주님이 기뻐하시는 일을 함께 할 사람과 결혼하는 것이 결혼의 중요한 사명이 될 것이다.

   (4) 예수 그리스도를 소개하려는 목적으로 불신자와 교제하는 것은 어떠한가?

a. _____으로 어쩔 수 없는 관계가 자주 발생한다. 불신자와 사랑에 빠지는 경우가 가능하다.
b. 불신자는 당신을 즐겁게 하기 위해 예수님께 _____을 가장할 수도 있다.
c. 불신자와 결혼한다면 아이들을 키우는데 _____이 늘 일어날 것이다.
d. 결혼과 같은 일생의 중대사에 위험 부담이 큰 일로 모험을 할 필요는 없다.

(5) 당신의 부모가 불신자와의 결혼을 강요해도 따르지 말아야 한다.

## 라. 하나님께 영광을 돌리는 교제는 어떻게 해야 하는가?(고전 10:31)

1) _____ 태도를 가지라.

> 골 3:12-14 ¹²그러므로 너희는 하나님이 택하사 거룩하고 사랑 받는 자처럼 긍휼과 자비와 겸손과 온유와 오래 참음을 옷 입고 ¹³누가 누구에게 불만이 있거든 서로 용납하여 피차 용서하되 주께서 너희를 용서하신 것 같이 너희도 그리하고 ¹⁴이 모든 것 위에 사랑을 더하라 이는 온전하게 매는 띠니라

2) _____ 안에서 행하라.

3) _____이 되라.

4) 효과적인 _____을 하라. 이것은 당신의 교제가 긴장감을 갖지 않도록 하는 열쇠이기도 하다.

   (1) 서로 상대를 잘 알기 위한 질문들을 하라.
   (2) 좋은 _____가 되라.
   (3) 대화를 통해 서로 알아가는 이해의 폭을 넓히라.

5) 당신의 감정들을 경계하라.(잠 4:23)

   (1) 한 남성 또는 한 여성이 당신과 의사소통하고 교제한다는 것에 일단 초점을 맞추라.

   (2) _____ 을 표현하라.(고전 13:4-8, 갈 5:22)

   (3) 육체적이거나 감정적으로 어쩔 수 없이 되지 않도록 조심하라. 손을 잡는 것이 키스로, 애무 상태로 되는 육체적인 이성 교제 관계에는 한번 시작되면 절제가 힘들다는 것을 인식하라.

   (4) 남성들은 눈에 보이는 자극을 요구하고 여성은 만져주기를 요구함을 기억하라.

   (5) 혼전 성 관계를 경계하라.
      a. "만일 나를 사랑한다면 허용해 달라" 이것은 음욕이지 사랑이 아니다.
      b. 혼전 관계의 결과들
         (ㄱ) 임신
         (ㄴ) 강압적 결혼
         (ㄷ) 성병
         (ㄹ) 붕괴의 위험: 관계가 깨질 가능성
         (ㅁ) 죄의식에 시달림
         (ㅂ) 수치심 때문에 서로에 대한 원망이 생길 가능성이 큼
         (ㅅ) 서로에 대한 존중이 사라짐
         (ㅇ) "첫날밤"의 순결과 거룩에 대한 기대와 환상이 깨짐
         (ㅈ) 결혼 이후에도 부정적인 기능을 할 가능성이 높음

      c. 성경은 성적 관계는 오직 결혼을 위한 것이라고 말한다. (출 20:14, 히 13:4)

출 20:14 간음하지 말라

히 13:4 모든 사람은 결혼을 귀히 여기고 침소를 더럽히지 않게 하라 음행하는 자들과 간음하는 자들을 하나님이 심판하시리라

(6) 남성은 이성 교제를 계획하고 창조적이 되라.
　　계획되지 않은 만남은 늘 어려움으로 끝이 난다. 아무런 계획이 없으므로 어쩔 수 없이 육체적으로 집중하게 된다.

6) 교제를 위해 _____ 하라. 기도로 시작하고 기도로 마치는 만남이 되라.

7) 만남에 _____ 을 가지라. 무엇을 할 것이며 어디로 갈 것인지는 당신의 만남의 목적에 달려 있다. 예를 들면, 주제를 정해 서로의 생각을 알기를 원한다든지 (예, 대학교육의 문제점, 시사적인 내용 등), 미술관을 가는 등. 대부분 남녀들은 그냥 만난다. 계획이 있는 만남은 서로를 발전시킬 기회를 줄 것이다.

8) _____ 은 매우 좋다. 왜냐하면 당신이 혼자라는 중압감을 느끼는 것 없이 서로 시간을 보낼 수 있도록 하기 때문이다. 또한 그룹 속에서 상대방의 역할, 성격, 다른 사람의 평가 등을 여유를 가지고 관찰할 수 있다.

9) 교제를 위한 몇 가지 제안들
　(1) 서로 즐길 수 있는 종류의 운동들, 테니스, 스케이팅, 등산, 탁구 등을 함께 하라.
　(2) 특별한 관심이나 일들이 있는 장소로 가라. 음악회, 영화, 동물원, 지방 박물관, 스포츠 관람 등.
　(3) 영적인 활동을 하라. 전도나 성경공부, 모임 참여 등

10) 교제나 결혼을 준비하라.
　(1) 사람과 하나님을 기쁘게 하는 자질들을 개발하라.

벧전 3:3-4 너희의 단장은 머리를 꾸미고 금을 차고 아름다운 옷을 입는 외모로 하지 말고 오직 마음에 숨은 사람을 온유하고 안정한 심령의 썩지 아니할 것으로 하라 이는 하나님 앞에 값진 것이니라

   (ㄱ) 복종
   (ㄴ) 순결
   (ㄷ) 존경스러운 행동
   (ㄹ) 좋은 생활습관
   (ㅁ) 내면이 안정되고 온유한 심령을 갖도록

  b. 잠 31:10-31 (현숙한 여인의 자질)
   (ㄱ) 신뢰할 수 있음(11절)
   (ㄴ) 다른 사람과 남편을 위해 선한 일을 함(12절)
   (ㄷ) 가족과 가정의 필요를 부지런히 준비하는 여인이 됨(13-15절, 25절)
   (ㄹ) 지혜롭고 절제된 말을 함(26절)
   (ㅁ) 여호와를 경외하고 지속적으로 하나님과 동행함.

(2) _____의 원리를 사용하라. 믿음을 키우는 것이 결혼생활의 훌륭한 준비이다. 믿음으로 헤쳐 나가야 할 일이 많이 생기기 때문이다. 안식할 줄 아는 삶의 패턴이 잘 훈련되어 있어야 결혼해서도 일과 안식의 균형을 맞출 수 있다.

 **3 사랑**

가. 사랑이란 무엇인가?

1) 오늘날 사랑이란 단어가 크게 오용되고 있다. 남녀가 서로 사랑한다고 하지만 삶의 결과가 좋지 않은 것을 흔히 본다.
 (1) 혼전 성관계

(2) 원치 않는 임신
(3) 성병
(4) 불행한 결혼
(5) 감정적으로 된 이혼

이 모든 것들은 사람들이 그들의 삶에 대한 하나님의 계획을 따르지 않음으로 야기된다.

2) 사랑이라는 단어는 다음과 같이 분류할 수 있다.
    (1) 에로스 – 감각적인 사랑
    (2) 필레오 – 형제적인 사랑
    (3) 아가페 – 하나님의 사랑

3) 사랑은 _____이지만 욕정은 _____이다.

## 나. 당신을 위한 '하나님의 최상'을 어떻게 알 수 있는가?

1) 만일 당신이 성령 안에서 그리스도께 순종하며 지속적으로 행한다면 당신을 위한 하나님이 주신 올바른 반려자를 놓치지 않을 것이다.

2) 결혼하지 않는 것도 하나님이 주신 _____이다.(마 19:3-11, 고전 7:7)

> **고전 7:7** 나는 모든 사람이 나와 같기를 원하노라 그러나 각각 하나님께 받은 자기의 은사가 있으니 이 사람은 이러하고 저 사람은 저러하니라

3) 하나님은 당신이 원하는 사람에 그저 따르지 않고 하나님의 지혜대로 당신을 위해 예비한 사람을 당신의 생애에 보내주실 것이다.

4) 조급해 하지 말라. 당신은 결혼의 결정에 따라 _____ 을 살아야 하기 때문이다.

5) 하나님이 당신 생애에 보여 주신 _____ 에 어떻게 맞는지를 놓고 잠재적인 가능성을 가진 반려자들을 평가해 보라.

   (1) 남성은 인도자이다. 하나님은 결혼 후에 남성의 그릇된 결정에 대해 여성이 책임지도록 하지 않으신다. 그러나 여성이 남편의 뜻에 따르지 않을 경우, 하나님은 거기에 대한 책임을 물으신다.(벧전 3:1, 5, 6) 이것이 왜 결혼 전에 상대방의 목적과 당신의 뜻이 맞아야 하는지를 확인해야 하는 중요한 이유이다.

벧전 3:1, 5 ¹아내들아 이와 같이 자기 남편에게 순종하라 이는 혹 말씀을 순종하지 않는 자라도 말로 말미암지 않고 그 아내의 행실로 말미암아 구원을 받게 하려 함이니
⁵전에 하나님께 소망을 두었던 거룩한 부녀들도 이와 같이 자기 남편에게 순종함으로 자기를 단장하였나니

   (2) 남자는 여성의 영적 지도자가 되어야 한다.
       a. 남성은 압도당하는 것을 염려하고 여성은 이용당하는 것을 두려워한다.
       b. 남성과 여성 모두 서로에게 존경스럽고 서로에게 사랑스러워야 한다.
       c. 여성들, 당신은 당신의 잠재적 반려자를 존경하고 칭찬하는가? 그는 영적으로 당신보다 성숙한가?
       d. 남성들, 당신은 잠재적 반려자를 예수님이 자기 몸 된 교회를 사랑하듯 정말로 사랑하는가? (엡 5:22-25)

6) 서로의 가족을 알아야 한다. 당신은 그 집안 전체와 또한 그 집안의 문화와 전통과 결혼하는 것임을 명심하라.

7) 가장 중요한 원리는 주님을 신뢰하고 서로를 바라보며 서로 의논하고 주님께 모든 결정권을 양도하는 것이다.

# 5과

# 모범이 되기

- 개 관 목 적 -
이 과의 목적은 순원들이 그들의 제자들을 위해 올바른 모범이 되는 것의 중요성을
이해하도록 돕는 것이다.

## 학 습 목 표

이 과가 끝날 때 당신은,

1. 모범의 목적을 말할 수 있다.
2. 제자화 가운데 올바른 모범의 두 가지 원칙을 설명할 수 있다.
3. 제자화에서 모범의 한 가지 위험성을 설명할 수 있다.
4. 당신의 제자들이 당신의 생활을 관찰할 수 있는 두 가지 길을 말할 수 있다.

 **1 서론**

**가. 당신이 다음의 설명에 동의하는지 아니면 반대하는지의 여부를 표시하라.**

1) 어린아이가 자라서 주님을 경외하지 않는 삶을 살 때, 그의 부모에게 우선적으로 책임이 있다. "마땅히 행할 길을 아이에게 가르치라 그리하면 늙어도 그것을 떠나지 아니하리라"(잠 22:6)

동의(　) 동의하지 않음(　)

2) 같은 의미로 우리의 제자들이 계속 변함없으며 열매를 맺지 않을 때 우리에게 우선적으로 책임이 있다. "우리는 그리스도의 사도로서 마땅히 권위를 주장할 수 있으나 도리어 너희 가운데서 유순한 자가 되어 유모가 자기 자녀를 기름과 같이 하였으니" (살전 2:7)

동의(　) 동의하지 않음(　)

**나. 제자의 성장에는 세 사람의 책임이 따른다 : ＿＿＿, ＿＿＿ 그리고 ＿＿＿**

갈 6:1-4 ¹형제들아 사람이 만일 무슨 범죄한 일이 드러나거든 신령한 너희는 온유한 심령으로 그러한 자를 바로잡고 너 자신을 살펴보아 너도 시험을 받을까 두려워하라 ²너희가 짐을 서로 지라 그리하여 그리스도의 법을 성취하라 ³만일 누가 아무 것도 되지 못하고 된 줄로 생각하면 스스로 속임이라 ⁴각각 자기의 일을 살피라 그리하면 자랑할 것이 자기에게는 있어도 남에게는 있지 아니하리니

고전 3:5-8 ⁵그런즉 아볼로는 무엇이며 바울은 무엇이냐 그들은 주께서 각각 주신 대로 너희로 하여금 믿게 한 사역자들이니라 ⁶나는 심었고 아볼로는 물을 주었으되 오직 하나님께서 자라나게 하셨나니 ⁷그런즉 심는 이나 물 주는 이는 아무 것도 아니로되 오직 자라게 하시는 이는 하나님뿐이니라 ⁸심는 이와 물주는 이는 한가지이나 각각 자기가 일한 대로 자기의 상을 받으리라

위의 말씀에 따르면 제자의 성장에 영향을 미치는 제자, 순장, 하나님의 역할은 각각 무엇인지 나누어 보라.

 **2 모범이 되는 것의 목적**

모범이 되는 목적은 하나님의 말씀에 순종하여 지상명령 성취를 돕는데 적극적으로 헌신한 성령 충만한 그리스도인의 삶의 본보기를 보여주기 위함에 있다.

더 짧게 말하자면, 모범의 목적은 삶의 본보기를 보여 주는 것이다. 어떤 삶에 대한 본보기인가? 우리의 제자나 순원들이 하나님의 말씀에 잘 순종하는 삶의 본보기이다. 또한 그들이 지상명령 성취를 돕는데 적극적으로 헌신하도록 하는 모범이다. 또한 성령 충만한 그리스도인의 삶의 모범을 보여주는 것이다. 우리 자신에게도 도전이다.

 **3 모범이 되기 위한 두 가지 원칙들**

가. 당신의 _____ 제자들이 본받을 것이다.

싫든 좋든 우리의 모습을 제자들이 많이 본받는다. 순장되기 쉽지 않다.

1) 유는 유를 낳는다. (Like produces like)
   (창 12:10-20; 26:6-11)

창세기 12장에서 아브라함은 살기 위해 바로에게 사라가 자신의 누이라고 거짓말했다. 이제 아브라함의 아들 이삭이 비슷한 상황에서 어떻게 이야기했는지를 보자.

창 26:6-11 ⁶이삭이 그랄에 거주하였더니 ⁷그 곳 사람들이 그의 아내에 대하여 물으매 그가 말하기를 그는 내 누이라 하였으니 리브가는 보기에 아리따우므로 그 곳 백성이 리브가로 말미암아 자기를 죽일까 하여 그는 내 아내라 하기를 두려워함이었더라 ⁸이삭이 거기 오래 거주하였더니 이삭이 그 아내 리브가를 껴안은 것을 블레셋 왕 아비멜렉이 창으로 내다본지라 ⁹이에 아비멜렉이 이삭을 불러 이르되 그가 분명히 네 아내거늘 어찌 네 누이라 하였느냐 이삭이 그에게 대답하되 내 생각에 그로 말미암아 내가 죽게 될까 두려워하였음이로라 ¹⁰아비멜렉이 이르되 네가 어찌 우리에게 이렇게 행하였느냐 백성 중 하나가 네 아내와 동침할 뻔하였도다 네가 죄를 우리에게 입혔으리라 ¹¹아비멜렉이 이에 모든 백성에게 명하여 이르되 이 사람이나 그의 아내를 범하는 자는 죽이리라 하였더라

아브라함은 이삭이 태어나기 수년 전에 거짓말했었지만 그것은 이삭에게 영향을 끼쳤다. 유가 유를 낳는 또 다른 실례가 있다. 사기꾼 야곱은 그의 형 에서로부터 장자 권을 훔쳤다. 후에 야곱은 자신의 아들들이 막내 요셉을 노예로 팔 때 지독한 속임의 희생이 되었다. 그들은 아버지께 요셉이 들짐승에게 잡혀 먹혔다고 속였다.(창 27; 37:18-35) 그래서 _____ 우리의 제자들은 우리가 어떻게 행동하는지를 보고 우리의 본을 따른다. 그들은 여러 번 무의식적으로 그렇게 행동한다.

## 2) 심는 대로 거둔다.(갈 6:7-10)

> 갈 6:7-10 ⁷스스로 속이지 말라 하나님은 업신여김을 받지 아니하시나니 사람이 무엇으로 심든지 그대로 거두리라 ⁸자기의 육체를 위하여 심는 자는 육체로부터 썩어질 것을 거두고 성령을 위하여 심는 자는 성령으로부터 영생을 거두리라 ⁹우리가 선을 행하되 낙심하지 말지니 포기하지 아니하면 때가 이르매 거두리라 ¹⁰그러므로 우리는 기회 있는 대로 모든 이에게 착한 일을 하되 더욱 믿음의 가정들에게 할지니라

(1) 우리는 우리의 제자들에게서 모범의 결과를 즉시 보지 못하기 때문에 _____ 거나 _____ 해지게 된다.
우리가 순 모임에 늦게 나타난다면, 우리의 제자들 역시 늦게 올 것임을 짐작할 수 있다. 우리가 하나님께서 우리의 필요를 채워주심을 믿는데 어려워한다면 우리의 제자들 역시 믿음 부족 현상을 나타낼 것이다.

(2) 예수님의 기도생활은 어떻게 _____ 이 _____ 으로 그의 제자들에게 영향을 끼칠 수 있었는지의 예증이 된다.

> 눅 11:1 예수께서 한 곳에서 기도하시고 마치시매 제자중 하나가 여짜오되 주여 요한이 자기 제자들에게 기도를 가르친 것과 같이 우리에게도 가르쳐 주옵소서

제자가 예수님께 기도를 가르쳐 달라고 한 계기가 무엇인가?


## 나. _____ 이 말보다 더 능력이 있다.

다음과 같은 말을 들어 보았는가?
'당신의 행동 때문에 당신의 말이 설득력이 없습니다.'

1) 사랑을 표현하지 않으면서 사랑을 가지고 있다고 말하는 것은 소용이 없다.

요일 3:17 누가 이 세상의 재물을 가지고 형제의 궁핍함을 보고도 도와 줄 마음을 닫으면 하나님의 사랑이 어찌 그 속에 거하겠느냐


2) 사례 연구

(1) 명수는 제자화순 순장이었고 가는 곳마다 변함없이 그리스도를 전했다. 명수는 종종 어떤 일이 있어 나갈 때에 그의 순원 한호가 같이 가고 싶어 하면 그를 데리고 갔다. 한호는 명수의 가족들을 만날 때도 있었고 명수의 친구들과 놀러갈 때도 몇 번 있었다. 어느날, 명수는 한호와 일상적인 전도에 대해 자세히 말한 적이 없었는데도 한호가 솔선하여 전도하는 모습을 보았다. 명수는 한호에게 어떻게 그런 변화가 일어났는가 하고 물었다. 한호는 "순장님이 그렇게 하는 것을 보며 나 역시 하나님께서 그러한 방법으로 사용하실 수 있다는 것을 깨닫게 되었어요. 그래서 할 수 있는 대로 전도하기 시작했습니다!"라고 말했다. 한호는 명수를 자연스럽게 관찰한 결과 말로 가르치지 않았는데도 그의 삶 속에서의 그리스도를 전하는 모습을 보고 멋지게 느꼈으며 용기를 낼 수 있었다.

(2) 상미는 이웃 여자들과 제자화 순을 인도하고 있었다. 수 주일간 그녀는 전도의 중요성과 실제로 어떻게 전도하는지에 대해 가르쳤다. 그리고 그들은 다과전도 모임을 갖는 것에 대해 토론했다. 그런데 어느 날 상미는 자신의 순모임 때 아무도 전도에 대해 이야기하지 않는 것을 눈치챘다. 상미는 순원들에게 전도의 중요성과 전도할 것을 더욱 강조했지만 아무 열매가 없자 좌절감을 맛보게 되었다. 어느 날 상미는 이 문제에 대해 친구 순장인 태희와 이야기를 나누었다. 태희는 이야기를 듣고는 "상미야, 내가 볼 때 문제는 네가 하라고 했던 것을 네 순원들이 한 번도 실제로 보지 못했기 때문에 어떻게 해야 할지 아무도 아이디어가 없는 것 같애. 다과 전도 모임에 대해 이미 이야기했으니 실제로 그 모임을 해서 안 믿는 친구들을 초대하고 전도하는 일을 함께 해보면 어때?"라고 조언을 주었다. 상미는 그 말대로 다과 전도 모임을 가졌으며 그녀의 순원들은 큰 반응을 보였고 그 모임을 준비하며 서로 기도하고 더욱 친근하게 뭉쳤으며 다과모임을 가진 이후에 순원들 모두 전도모임을 했

다는 자부심에 감격해 했고 그 과정에서의 간증들이 쏟아져 나왔다. 다음 제자화순 모임 중 순원들은 모두 자신의 집에서 다과 전도모임을 갖는 것을 자원했으며 계속 전도모임을 하자고 진지하게 토론하고 실천계획을 짜게 되었다.

(3) 관찰

# 👍 4 모범이 되는데 있어서의 한 가지 위험

한 가지 위험은 우리의 제자들로 하여금 우리의 실제 있는 모습 그대로를 보게 하는 것이 아니라 제자들에게 _____ 이 되는 것이다.

때때로 우리는 제자들에게 우리의 실패나 생활 속의 부족한 면을 보이고 싶어 하지 않는 경향이 있다. 그것은 그들 안에 우리에 대한 가상적인 완전의 기준을 갖게 하는 인위적인 압력을 조성한다. 제자들과의 친밀성은 종종 그들이 우리도 단점이 있는 평범한 인간임을 볼 때 생기게 된다.

솔직히 우리의 실패를 인정하면서 주님께서 이러한 실패와 연약함을 극복하게 해 주실 것에 대한 신뢰를 나타내야 한다. 그럴 때 순원들은 '실패 속에서도 주님을 신뢰하는' 현실적인 신앙생활의 참 모습을 배우게 된다.

## 15 당신의 제자들이 당신의 생활을 관찰하게 하라.

가. 그들을 초대해 당신 생활의 _____ 영역을 관찰하도록 함께 있으라.
   (눅 6:40)

> 눅 6:40 제자가 그 선생보다 높지 못하나 무릇 온전케 된 자는 그 선생과 같으리라

제자들이 우리의 생활을 관찰하게 할 때 그들은 우리 모범의 영향력 아래 들어오게 된다. 제자화는 강의실이나 순모임에서 일어나는 것이 아니다. 제자들이 우리의 생활을 지켜보고 우리를 통해 그리스도를 볼 때 성령께서 그들이 구주를 닮아가도록 동기 유발할 때 제자화가 일어난다.

제자 중 한 사람을 당신의 경건의 시간을 관찰하도록 초대하라. 그들은 평상시에 이것을 보지 못했기 때문에, 당신이 어떻게 하나님과 시간을 보내는지를 본다면 큰 영향을 받을 것이다. 아니면 그들에게 전도모임에 같이 가자고 초청하라. 당신을 관찰할 때 그들은 동기 부여를 받아 솔선하여 비슷한 모임을 만들 것이다.

나. _____ 가운데 함께 시간을 보내라.

제자들과 함께 시간을 보낼 때 반드시 영적인 활동을 해야만 하는 것은 아니다. 일상의 여러 활동들도 제자화에 큰 도움이 된다. (예, 여가활동, 스포츠 관람, 극장, 도서관에서 함께 공부 등)

> **예화**

한 국제 CCC 간사의 경험

어느 겨울날 내가 미네소타에 살고 있었을 때, 새 신자인 한 학생이 콜로라도로 스키 여행을 가자고 초대했다. 그는 우리가 30시간 동안 차를 타고 가며 스키 장소에서 3일간 지내다 돌아온다고 했다. 나는 기꺼이 그와 함께 갔다. 도중에 이 학생은 나에게 수 많은 질문들을 했다. 운전하면서, 쉬면서, 스키를 타면서, 리프트에서 나는 그의 끝없는 질문들에 대답했다. 그는 돌아오는 길에서도 계속 질문을 했다. 이것이 얼마나 힘든지 당신은 상상할 수 있겠는가? 나는 그 어느 때보다도 정신적인 것은 말할 것도 없고 육체적으로도 너무 피곤한 상태였다.

우리가 돌아온 지 2주일쯤 후에, 우리는 이야기를 했는데 그는 기억에 남을 만한 것을 배웠다고 했다. 나는 자연히 호기심이 일어나 무엇을 배웠는지 물었다. 그러자 그는 우리가 여행에서 돌아올 때를 상기시켰다. 우리는 돌아오던 첫날밤에 러브랜드채스의 얼어붙은 길을 운전하고 있었다. 날씨가 따뜻했기 때문에 쌓인 눈이 녹았으나 밤에는 녹은 눈은 얼어붙어 있었다. 그러므로 모든 차들이 언덕길을 느리게 기어 올라가야 했다.

그러나 도로 사정만이 문제가 아니었다. 산꼭대기의 추운 날씨 때문에 모든 차들이 캬브레타 문제를 가지고 있었다. 내 차도 예외는 아니었는데 계속 가기 위해 우리는 엔진 뚜껑을 들어 올리고 공기 여과기를 제거했다. 한 사람이 차와 함께 달리며 밸브를 열어놓는 동안 (그리하여 충분한 공기를 흡인하였음) 다른 한 사람은 차를 몰아 산 꼭대기를 넘었다.

> 그는 그 사건에 대한 기억을 떠올리며, "그것은 나에게 믿을 수 없을 정도의 인내의 훈련이었습니다. 그것이 내 차였다면 나는 마음이 상하고 화나며 좌절했을 것입니다. 그렇지만 당신은 불만의 모습이 전혀 없이 조용하고 평안해 보였습니다." 라고 말했다.
>
> 나는 그때 어떤 것도 그에게 말하지 않았고 어떤 지식도 주지 않았으며 그를 감동시키려고 생각하지도 않았다. 단지 그는 상황과 그것에 대한 나의 반응을 보고 감동을 받은 것이었다. 나도 생각지 못한 것을 그는 관찰한 것이다! 그 많은 질문들에 대해 답한 것은 별 감동이 없었나 보다. 그에게는 실제 삶의 모습이 더 다가왔던 것 같다.

제자들은 종종 일상생활의 사건들 가운데 우리를 관찰함으로 더 많이 배운다. 일상생활의 좌절 및 화나는 일들에 대한 우리의 반응은 수차례의 성경공부에서 가르칠 수 있는 것보다 더 많은 것을 우리의 제자들에게 가르쳐줄 것이다.

우리의 모범은 우리가 개발하는 제자화의 질적인 면에 크게 영향을 미친다. 그러므로 우리는 우리의 생활 가운데 탁월성을 향해 끊임없이 노력해야 한다.

## 👍 6 탁월한 모범이 되기

가. 우리는 모든 일을  으로 해야 하기 때문에 탁월한 모범을 보여야 한다.

주님의 이름으로 어떤 일을 한다는 것은 기쁜 마음으로 우리의 행동을 주님의 행동 수준에 올려놓는 것을 뜻한다.

우리의 제자들이 주님을 경외하며 섬기기를 원한다면 탁월성을 추구해야 한다.

> 골 3:17 또 무엇을 하든지 말에나 일에나 다 주 예수의 이름으로 하고 그를 힘입어 하나님 아버지께 감사하라.

신명기의 말씀을 묵상해 보라. 무엇을 가르쳐 주는가?

> 신 32:4 그는 반석이시니 그가 하신 일이 완전하고 그의 모든 길이 정의롭고 진실하고 거짓이 없으신 하나님이시니 공의로우시고 바르시도다

우리는 우리의 활동들을 다른 사람의 것과 비교해 보는 경향이 있지만 그것은 건전하지 못하다. 우리는 우리 자신을 그리스도와만 비교해 보아야 한다.

성령께 그렇게 할 수 있도록 능력을 달라고 요청하라.
우리의 생활을 지도해 달라고 기도하라.
그분의 탁월성을 우리 안에 이루어 달라고 구하라.

나. 우리는 _____을 추구하도록 부르심을 받았다.(롬 8:29)

우리의 부르심이 우리의 제자들보다 10% 아니면 50% 더 성숙해야 하는 것이 아니라 그리스도의 수준을 추구하기 위해 부르심을 받았음을 기억해야 한다. 우리의 제자들도 그리스도를 닮아가는 목적으로 우리를 능가하기를 원해야 한다.

로마서 8:29을 읽어보자.

롬 8:29 하나님이 미리 아신 자들을 또한 그 아들의 형상을 본받게 하기 위하여 미리 정하셨으니 이는 그로 많은 형제 중에서 맏아들이 되게 하려 하심이니라.

 워크숍

가. 당신의 제자들이 당신의 행동 및 태도들을 본받는 것을 알 때 당신은 삶의 어떤 영역을 변화시키겠는가? (당신의 실례, 즉 전도, 믿음, 개인적 성결함 등의 영역에 있어 스스로 주저함을 갖고 있는 영역은 무엇인가?)

나. 당신은 어떤 영역에서 제자들이 당신의 모범을 따르기를 원하는가?
(본인이 비교적 자신 있는 영역은?)

어떻게 하면 이 영역들에서 까지도 더 탁월함을 추구할 수 있겠는가?

다. 제자들이 당신의 생활을 관찰하고 있다고 생각해 보자. 이것이 당신의 행동, 즉 일어나는 상황에 대한 평소의 반응에 대해 스스로를 평가해 보라.
(예를 들면, 화가 날 때 나는 주로 어떤 언어를 쓰며, 어떤 행동을 하며, 어떤 감정을 남에게 혹은 스스로에게 표출하는가?)

## 자기점검복습

### 모범이 되기

**1. 빈칸을 채우라.**

모범의 목적은 하나님의 말씀에 _____ 하고, _____ 를 돕는데 적극적으로 헌신한 성령 충만한 그리스도인의 삶의 본보기를 보여주는 것이다.

**2. 모범의 두 가지 원칙은 무엇인가?**

가.

나.

**3. 옳음 / 틀림 :** 제자들에게 진정한 우리의 모습을 보여주지 않는 것이 좋다.

4. 우리의 제자들에게 우리의 생활을 보여주는 두 가지 방법 :

　　가.

　　나.

5. 탁월한 모범을 추구하는 한가지 이유는 :

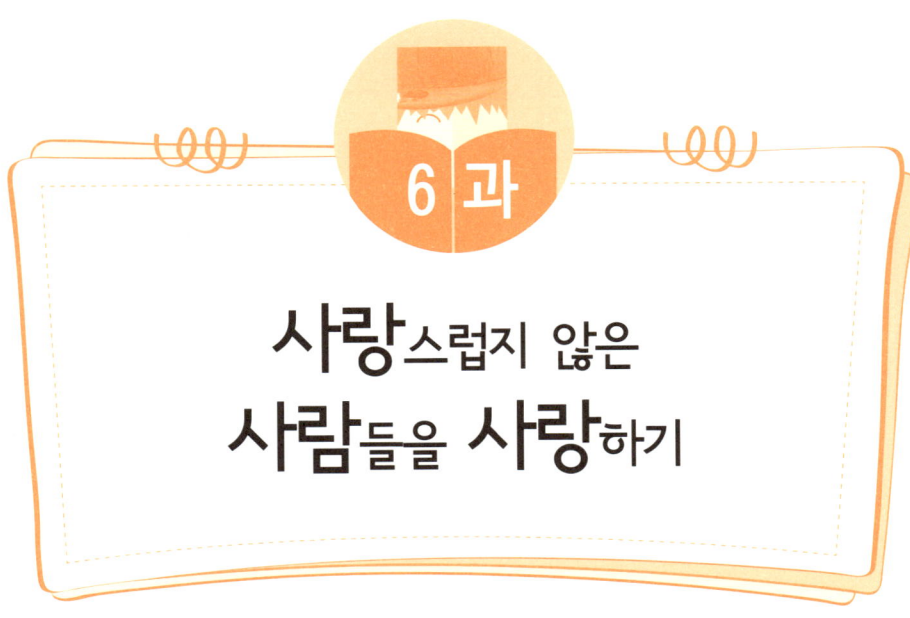

# 6과

# 사랑스럽지 않은 사람들을 사랑하기

- 개 관 목 적 -

이 과의 목적은 당신이 사랑스럽지 않은 이웃과 원수들을 사랑하는 일반적 원칙을
이해함으로 하나님과의 교제를 유지하도록 돕는 것이다.

## 학 습 목 표

이 과가 끝날 때 당신은,

1. '네 이웃을 사랑하라' 는 예수님의 명령의 의미를 설명할 수 있다.
2. '네 원수를 사랑하라' 는 예수님의 명령의 의미를 설명할 수 있다.
3. 사랑스럽지 않은 이웃과 원수들을 사랑할 수 있도록 돕는 태도와 행동들을 말할 수 있다.

# 1 이웃을 사랑하라는 예수님의 명령
### (눅 10:25-37)

가. 예수님의 예화를 생각해 볼 때 사마리아인의 어떤 행동과 태도가 그를 선한 이웃이 되게 했는가?

나. 다른 두 사람의 어떤 행동과 태도가 그들을 나쁜 이웃으로 만들었는가?

다. 선한 사마리아인의 예화를 통해 예수님은 무엇을 말씀하시고자 했는가?

라. 예수님이 이 이야기 속에서 가르쳐 주고 계신 것을 우리들 자신의 삶에 어떻게 적용할 수 있겠는가?

## 2 원수를 사랑하라는 예수님의 명령 (마 5:38-47)

예수님이 사랑에 대해 말씀하셨을 때 하신 또 다른 명령에 대해 이야기해 보자

마 5:38-48 [38]또 눈은 눈으로, 이는 이로 갚으라 하였다는 것을 너희가 들었으나 [39]나는 너희에게 이르노니 악한 자를 대적하지 말라 누구든지 네 오른편 뺨을 치거든 왼편도 돌려 대며 [40]또 너를 고발하여 속옷을 가지고자 하는 자에게 겉옷까지도 가지게 하며 [41]또 누구든지 너로 억지로 오 리를 가게 하거든 그 사람과 십 리를 동행하고 [42]네게 구하는 자에게 주며 네게 꾸고자 하는 자에게 거절하지 말라 [43]또 네 이웃을 사랑하고 네 원수를 미워하라 하였다는 것을 너희가 들었으나 [44]나는 너희에게 이르노니 너희 원수를 사랑하며 너희를 박해하는 자를 위하여 기도하라 [45]이같이 한즉 하늘에 계신 너희 아버지의 아들이 되리니 이는 하나님이 그 해를 악인과 선인에게 비추시며 비를 의로운 자와 불의한 자에게 내려주심이라 [46]너희가 너희를 사랑하는 자를 사랑하면 무슨 상이 있으리요 세리도 이같이 아니하느냐 [47]또 너희가 너희 형제에게만 문안하면 남보다 더하는 것이 무엇이냐 이방인들도 이같이 아니하느냐 [48]그러므로 하늘에 계신 너희 아버지의 온전하심과 같이 너희도 온전하라

## 가. 여기서 가르치고 있는 원칙들은 무엇인가?

참고

'눈은 눈으로 이는 이로'는 lex talionis (렉스 탈리오니스: law of retaliation의 의미)로 탈리오 법칙이라고도 부르는 동태 복수법으로 구약에 나온다. 보복이 지나치지 않도록 상대방을 보호하는 법칙이다 (출 21:24; 레 24:20; 신 19:21). 즉, 눈이 상했으면 상대방도 눈만 상하도록 해야지 눈과 얼굴 전체를 상하게 하면 안 된다는 일종의 보복하는 자를 절제시켜 주는 법이라고도 할 수 있다. 이것은 보복을 허용함으로 보복자의 정당한 권리를 가르친다.

나. 이 가르침 속에서 예수님이 말씀하시고자 하는 핵심은 무엇인가?




다. 사례연구

　　앤과 토마스 골든 부부는 그들의 딸이 강간을 당하고 무참하게 살해되었다는 끔찍한 소식을 들었을 때 심장 속을 칼로 후비는 경험을 했다.
　　그들은 보통 사람들이 겪는 고통과 슬픔 그 이상을 체험했다. 그러나 이들 부부는 초자연적인 하나님을 믿고 있었으며 그분의 주권과 능력을 의지하고 있었다. 그렇기 때문에 이들의 반응 역시 초자연적인 것이었다. 토마스는 "내가 견딜 수 없는 증오로 불타게 되는 것이 마땅하다. 하지만 그것이 무슨 소용이 있겠는가! 그렇다고 내 딸이 살아 돌아올 수는 없다. 우리는 하나님께서 이 고통에서부터 선한 일을 이루실 것을 신뢰한다."고 말했다.

　　딸의 살인범이 수감된 후에 골든씨 부부는 그 살인범과 연락을 취하고 예수 그리스도를 통해 그를 용서하고 사랑할 수 있었음을 그에게 이야기하기 시작했다.
　　주위의 친구들과 사랑하는 사람들은 골든씨 부부가 보여 준 이 말할 수 없는 사랑의 행동에 놀라움으로 머리를 가로 저었다. 그들은 그 살인범이 종신형으로 살고 있는 주립교도소까지 2,000마일 (약 3200km: 참고로 경부 고속도로는 약 430km)을 여행했다.

　　"우리는 증오나 복수심을 품지 않고 마음속으로부터 이 특별한 사랑을 하기로 했습니다. 그가 예수 그리스도를 영접한다면, 그것은 우리를 가장 행복하게 하는 일일 것입니다"라고 그들은 고백했다.

골든씨 가족은 어떤 점에서 원수를 사랑하라는 예수님의 명령을 실행했는가?




그 결과는 어떠했는가?




## 라. 사례연구

캐시는 남편과 함께 최근에 새로운 지역으로 이사를 했다. 그녀는 집안 정리가 되어 가자 이웃들을 알아 가는데 열심을 내었다. 조직적으로 이웃을 방문했고 새로운 이웃이 된 자신을 소개했으며 그들에게 예수 그리스도를 전할 많은 기회를 가졌다.

어느 날 캐시는 길 건너편에 사는 "나는 아무와도 이야기하지 않아요, 특히 예수쟁이 들에게는."이라고 말하는 한 부인을 만났다. 이 부인은 친구도 없고 또 아무도 그와 친구가 되려고 하지 않았다. 캐시는 "저와 친구가 되어주시겠어요?"라고 부탁했으나 그 부인은 감정적으로 "아니요"라고 불친절하게 대답했다. 캐시는 수모를 느끼고 속이 상했다. "사람이 어떻게 저렇게 무례할 수 있을까?" 다시는 상대하고 싶지 않았다. 그러나 주님께서 마태복음 5장에 있는 한 말씀을 생각나게 해 주셨다. "또 네 이웃을 사랑하고 네 원수를 미워하라 하였다는 것을 너희가 들었으나 나는 너희에게 이르노니 너희 원수를 사랑하며 너희를 박해하는 자를 위하여 기도하라." 캐시는 할 수 없이 이 말씀 때문에 기도를 했다.

하나님은 캐시가 길 건너편에 사는 이웃에 대한 불쾌감을 잊어버리게 하셨다. 상심한 마음이 없어져 버렸다. 그녀는 케이크를 구워 그 부인에게 들고 갔다. 그러나 그 부인은 문밖에 나와 보는 것도 거절했다. 하는 수 없이 캐시는 그 케이크를 관심을 나타내는 쪽지와 함께 현관 계단에 두고 돌아왔다.

그날 밤 그 케이크는 캐시네 현관 계단에 되돌아와 있었다. 캐시는 이 부인과는 더 이상 어찌 해 볼 수 없을 것 같다고 생각했지만 그녀는 다른 친구들과 함께 이 부인과 관계를 맺기 위해 계속 기도했다.

약 한 주간이 지난 후에 캐시네 현관문을 노크하는 소리가 들렸다. 문을 열었을 때 거기에는 길 건너편의 고집쟁이 부인이 몹시 불안한 모습으로 있었기에 그녀는 아주 깜짝 놀랐다. 그 부인은 도움이 필요했고 자기를 도울 수 있는 사람이 캐시라는 것을 알고 있었던 것이다.

캐시는 어떤 점에서 원수를 사랑하라는 예수님의 명령을 이행했는가?


예수님의 이 두 가지 명령을 생각해 볼 때 우리는 종종 사랑이 어렵고 힘들다는 것을 알 수 있다. 예수님은 결코 그것이 쉽다고 말씀하시지 않았다. 우리 주위에는 우리 기분을 상하게 하는 자들, 우리를 오해하는 자들, 외로운 자들, 사랑스럽지 않은 자들, 우리보다 불운한 자들, 사회로부터 버림받은 자들, 병든 자들, 가난한 자들 등 많은 사람들이 있다. 예수님은 그들 모두를 불쌍히 여기시고 눈물을 흘리셨다. 그분은 우리들이 그분의 사랑으로 그들을 사랑하기 원하신다.

아가페 사랑은 어렵다. 우리가 우리의 원수들에게 그러한 사랑을 보이고 싶다고 해서 사랑할 수 있는 것은 아니다. 사랑하라는 예수님 명령에 우리가 순종할 때 비로소 할 수 있게 된다. 히브리서 11장 6절을 상기해 보자. '믿음이 없이는 기쁘시게 못하나니.' 우리를 통해서 초자연적인 사랑으로 사랑하시는 분에 의해 우리가 다스림 받고 능력을 받을 때 우리를 통해 아가페 사랑이 흘러나올 것이다.

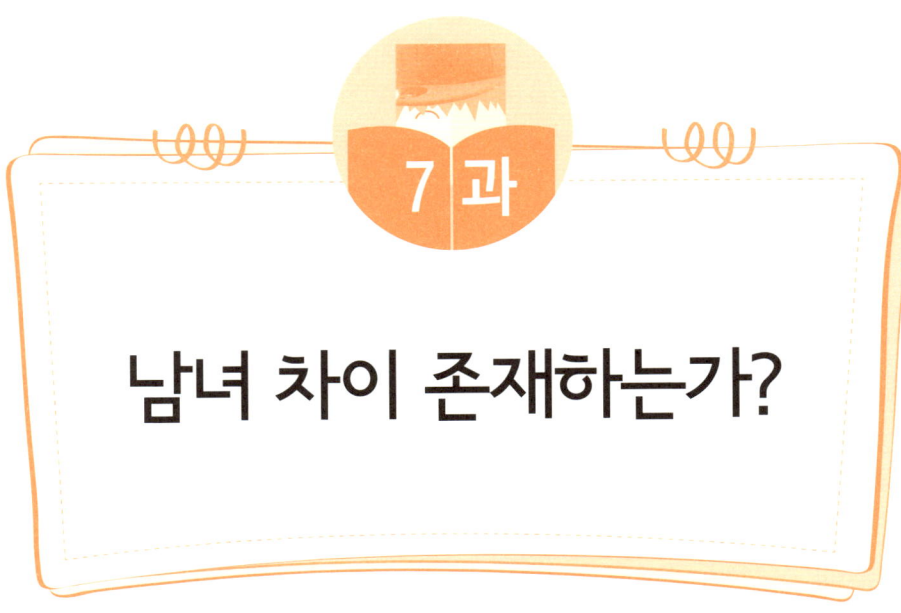

# 남녀 차이 존재하는가?

**- 개 관 목 적 -**

이 과의 목적은 남녀의 차이에 대해 바로 알고 서로를 격려하여 그리스도의 몸된 교회를 온전히 세워가는데 있다.

## 학 습 목 표

이 과가 끝날 때 당신은,

1. 남녀 사이의 몇 가지 차이점들을 말할 수 있다.
2. 이러한 차이점들에 비추어서 그리스도의 몸 된 교회 안에서 연결되어 조화를 이루며 일하기 위해 서로를 격려하고 완전케 하는 법을 설명할 수 있다.

 **1 서론**

가. 하나님은 우리를 _____로 창조하셨다 - 하나님의 형상을 가진 사람으로 남자 혹은 여자가 되는 것은 우리들 각자가 자신의 인간성을 표현하는 방법이다.

나. 하나님은 남자와 여자를 그분 보시기에 _____ 창조하셨다.

다. 그러나 하나님은 남자를 여자와 _____ 창조하셨다.

라. 남자와 여자 사이에는 많은 _____, _____, _____인 차이점들이 있다.

 **2 왜 차이점들이 있는가?**

가. 하나님은 서로를 완전케 하시기 위해 남자와 여자 사이에 차이점들을 허락하셨다.

나. 하나님의 궁극적인 목적은 우리들의 관계 속에서 그분 자신을 영화롭게 하는 것이다.

다. 하나님의 최종 계획은 남자와 여자를 둘 다 예수 그리스도의 형상으로 변화시키는 것이다.(고후 3:18)

> 고후 3:18 우리가 다 수건을 벗은 얼굴로 거울을 보는 것 같이 주의 영광을 보매 그와 같은 형상으로 변화하여 영광에서 영광에 이르니 곧 주의 영으로 말미암음이니라

## 👍 3 몇 가지 차이점들은 무엇인가? (일반적인 것들)

물론 모든 남녀가 다 꼭 이렇다는 것은 아니다. 일반적으로 그렇다는 것이다. 역할이 뒤바뀐 경우도 많다. 중요한 것은 서로의 차이점을 이해하는 것이다.

가. 남자

1) _____ - 일 속에서 성취감을 찾는 경향이 더 많다. (과업달성)

2) _____ - 책임을 맡고 지도자가 되는 것을 좋아한다.

3) _____

4) 사실에 의거하여 논리적으로 결정한다. ( _____ )

5) _____ 사실들을 자기의 일로 받아들이지 않는다.

6) _____ 를 좋아하지 않는다.

7) 남자의 자아상은 종종 그의 _____ 에서의 성공에 의거하고 있다.

8) 남자들은 더 _____ 이다 : 그들은 전체를 본다.

나. 여자

1) _____ - 다른 사람들과의 관계 속에서 성취감을 찾는 경향이 더 많다. (자제하며 가정을 이루고 가족을 양육함)

2) _____ - 관계 속에서 따라가고 이끌림 받는 것을 좋아한다.

3) _____

4) _____ 에 의거하여 결정한다. (직관적, 감정적)

5) _____ 해서 사실들을 자기의 일로 받아들인다.

6) _____ .

7) 여자의 자아상은 _____ 에 의거하고 있다. 그러므로 그들은 자기 자신에 대한 보다 큰 자신감을 필요로 한다.

8) 여자들은 더 _____ 이다 : 그들은 세부 사항에 더 관심이 많다.

나. 우리가 이러한 차이점들을 알 때 서로를 더 잘 이해하고 완전케 할 수 있으므로 그리스도의 몸 된 지체들과 다투지 않게 된다.

## 4 남자를 격려하는 법

가. 당신이 원하는 바로서의 그가 아니라 현재의 그를 그대로 받아 들여라.
내가 원하는 모습으로 바꾸려 하지 말라.

그가 도저히 도달할 수 없는 기준을 설정하지 말라. 그리스도가 그의 이상적인 기준이 되게 하라.

1) 당신이 동의하든 동의하지 않든 그의 최종적인 결정들을 진심으로 받아들여라. 이렇게 하는 것이 당신에 대한 그의 존경심을 크게 높여 줄 것이다.(순종과 헌신)

2) 그의 조언을 구하고 가능한 그의 제안들을 격려하고 따르라.

나. 그를 끊임없이 _____.

1) 격려의 정의 : 삶의 일상적인 임무를 수행함에 있어서 위로하고 견고하게 세우며 용기를 북돋아 주는 것. 그로 하여금 그가 잘 하고 있는 것을 보게 함으로써 그에게 생기를 주거나 혹은 동기 부여를 하는 것이다.

실례) 골 4:11-12; 몬 1:7; 롬 16장 – 바울의 삶에서 그를 격려했던 구체적인 사람들

골 4:11-12 ¹¹유스도라 하는 예수도 너희에게 문안하느니라 그들은 할례파이나 이들만은 하나님의 나라를 위하여 함께 역사하는 자들이니 이런 사람들이 나의 위로가 되었느니라 ¹²그리스도 예수의 종인 너희에게서 온 에바브라가 너희에게 문안하느니라 그가 항상 너희를 위하여 애써 기도하여 너희로 하나님의 모든 뜻 가운데서 완전하고 확신 있게 서기를 구하나니

몬 1:7 형제여 성도들의 마음이 너로 말미암아 평안함을 얻었으니 내가 너의 사랑으로 많은 기쁨과 위로를 받았노라


2) 그의 _____, 생각들이나 꿈을 칭찬하고 존중해 주라.


3) 그를 위해 _____ 하고 당신이 그를 위해 기도하고 있다는 것을 말하라. 그의 구체적인 기도제목들을 물으라.


4) 당신이 그의 성장이나 성취 면에서의 _____ 를 보았을 때 특별히 그를 칭찬하라.

   (1) 그에게 그것을 말하라.
   (2) 다른 사람들에게 그에 대해 말하라.


5) 지도자로서의 그에 대한 신뢰를 표현하라.

   (1) 그의 결정들을 지지하라.
   (2) 그에게 실수할 여지를 허락하고 실수했을 때는 그의 용기를 북돋아 주라. "그러게 제가 말했잖아요."라는 핀잔하는 말은 절대 하지 말라.

6) 그와 정직하고 _____ 있게 대화하라.

   (1) 당신이 그를 주도하지 않는 방법으로 조언을 주라.
   (2) 제안들은 하되 최종 결정은 그에게 맡기라. 그가 당신의 생각들을 받아들이지 않았다고 그것이 당신을 무시한 것으로 여기지 말라.

7) _____ 인 방법으로 감사를 표현하라 – 짧은 편지, 작은 선물, 미소 등


## 다. 기타 고려 사항

1) 그가 말하고 싶어 하지 않으면 말하도록 강요하지 말라.

2) 그의 "머릿속 생각 등"을 너무 많이 알려고 하지 않도록 하라. 마음 중심을 쉽게 나누지 않는 남자들도 많이 있다. 그에 대해 오래 참고 민감 하라.

3) 그는 종종 한 번에 한 가지 혹은 그 이상의 일들을 _____ 하려는 생각을 하고 있다는 것을 알라. 그렇다면 그가 민감하고 때때로 대체 왜 정신이 산란해 보이는지를 이해하는데 도움이 될 것이다.

4) 당신의 필요를 채워주시는 분은 궁극적으로 하나님이심을 깨달으라. 그가 하나님만이 채워주실 수 있는 필요들을 만족시켜 줄 것을 기대하지 말라.

5) 그에게 애매하게 기대하기 보다는 구체적으로 원하는 것을 나누도록 노력하라.

# 15 여자를 격려하는 법

## 가. 칭찬

1) 주로 그녀의 _____ 뿐 아니라 그녀의 일과 외양(모습)에 대해서도 칭찬하라.
   당신이 그 사람을 칭찬할 때 그가 그렇게 된다.

2) 감사를 나타내 보이라. (그녀가 하고 있는 것 뿐 아니라 그녀 자신에 대해)

3) "사소한" 것들에 주의하라.(새 옷 등)

4) 그녀가 _____ 임을 나타내 보여주라

   모든 여자들은 한 남자의 인생에 그녀가 _____ 처럼 느끼고 싶어 한다.

   (1) 그녀를 숙녀로 대우하라.
   (2) 그녀에게 책임을 맡기고 그것을 취소하지 말라.
   (3) 그녀에게 사역 임무에 참여할 것을 요청하라. (목사들, 교회 재직자들, 평신도들을 만나는 일등)

5) 그녀의 조언이 요구되지 않는 영역까지도 그녀의 _____ 을 구하고 그것들을 사용하라.

나. 관심

　　1) 그녀를 위해 _____ 하라.

　　　　(1) 그녀에게 기도제목을 물으라.
　　　　(2) 당신이 그녀를 위해 기도하고 있다는 것을 그녀에게 말하라.
　　　　(3) 그녀에게 그 결과에 대해 물으라.


　　2) 개인적인 _____ 을 보이라.

　　　　(1) 그녀의 가족, 한 방을 쓰는 사람들, 남자친구들 등에 관해 물으라.
　　　　(2) 진지하게 그녀의 말을 들을 시간을 가져라.
　　　　(3) 함께 재미있는 일들을 하라.


　　3) 어려움이 생겼을 때 _____ 이 되어 주라.

　　　　(1) 그녀에게 그 문제에 대해 친구로서의 조언을 하라.
　　　　(2) 그녀에게 그 문제에 관한 하나님의 관점을 믿음의 형제로서 설명하라.


다. 일관성

　　1) _____ 이 되라.

　　　　(1) 하나님이 당신에게 가르쳐 주고 계신 것들에 대해 정직하게 그녀와 나누라.
　　　　(2) 그녀에게 하나님이 그녀의 삶에서 역사하고 계신 것들에 관해 나누게 하라.

2) _____ 가 되라

    (1) 온화하고 사려 깊은 자가 되라.
        a. 그녀의 시간을 잘 생각해 주라.
        b. 그녀의 힘을 고려하라.

    (2) 그녀를 위해 무언가 할 일을 제안하라.(무거운 물건들을 들어주고, 그녀가 꼭 필요로 하는 일 등)

    (3) 가끔 그녀의 몫을 대신 지불해 주라.


3) 그녀에게 이상적인 _____ 과 지침을 말해 주라.

    (1) 그녀에게 무엇이 당신을 괴롭게 하는가를 구체적으로 말하라.
    (2) 그녀가 당신을 어렵게 하는 일을 하고 있다면 그녀에게 친절하고 지혜롭게 말하라.


4) 그녀가 _____ 받아 마땅할 때는 정직하고 솔직하게 책망하라.

    그러나 온화하게 하고 그녀가 성장의 기회로 여길 수 있도록 하라.
    그녀가 똑같이 나를 정직하고 솔직하게 책망할 수 있도록 그녀에게 기회를 주라.
    서로 성장하는 기회가 될 것이다.

# 선한 양심을 지키기를 배움
## -다른 사람들과의 관계-

**- 개 관 목 적 -**

이 과의 목적은 당신이 용서를 통해 선한 양심을 유지하는 방법을 이해 할 수 있게 돕는 것이다.

**학 습 목 표**

이 과가 끝날 때 당신은,

1. 선한 양심의 정의를 내릴 수 있다.
2. 선한 양심을 가지는 결과들을 설명할 수 있다.
3. 그 용서함으로 선한 양심을 지킬 수 있는 방법을 말할 수 있다.

# 1 선한 양심에 대한 가르침

디모데전서 1:18-19를 읽으라.

딤전 1:18-19 ¹⁸아들 디모데야 내가 네게 이 교훈으로써 명하노니 전에 너를 지도한 예언을 따라 그것으로 선한 싸움을 싸우며 ¹⁹믿음과 착한 양심을 가지라 어떤 이들은 이 양심을 버렸고 그 믿음에 관하여는 파선하였느니라

디모데전서 1장 3절에 보면, "너[디모데]를 권하여 에베소에 머물라 한 것은 어떤 사람들을 명하여 다른 교훈을 가르치지 말며"라고 기록되어 있다. 사도바울은 잘못된 교훈을 바로잡을 역할을 디모데에게 맡겼다. 이것은 "전에 너를 지도한 예언을 따라" 즉, 전에 어떤 예언에 의하면, 디모데가 잘못된 교훈을 바로잡고 선한 싸움을 싸우기에 적합한 인물임을 사도바울에게 일깨워 주었다. 디모데는 올바른 교훈을 가르쳐야 하며 그것을 위해서는 선한 싸움을 싸워야 한다. 그것을 위해 디모데가 가져야 할 것은 선한 양심과 믿음임을 사도바울은 가르쳐 주고 있다.

# 2 선한 양심의 정의를 쓰라

 **3 선한 양심을 갖는 것의 결과는 무엇인가?**

**가. 선한 양심을 갖는 것이 전도하는데 어떤 영향을 주는가?**
   (벧전 3:16; 빌 1:9-10)

> 벧전 3:16 선한 양심을 가지라 이는 그리스도 안에 있는 너희의 선행을 욕하는 자로 그 비방하는 일에 부끄러움을 당하게 하려 함이라
>
> 빌 1:9-10 내가 기도하노라 너희 사랑을 지식과 모든 총명으로 점점 더 풍성하게 하사 너희로 지극히 선한 것을 분별하며 또 진실하여 허물 없이 그리스도의 날까지 이르고

사도바울은 빌립보 교인들의 사랑이 더 풍성해지기를 기도한다. 이 사랑은 단순히 감상적인 것이 아니라 영적인 지식과 총명함을 더해 진정한 가치를 발휘하는 사랑이다. 사도바울은 두 가지의 기도제목을 더하는 데 하나는 선한 것을 분별하는 것이며 또 다른 하나는 진실하여 다른 사람을 넘어지게 하는 허물이 없는 삶을 사는 것이다. 그리스도의 날, 즉 예수님이 다시 오시기까지 그렇게 살기를 기도한다.

**나. 선한 양심을 갖는 것이 어떻게 영적 싸움에 효과적으로 대처하게 하는가?**
   (딤전 1:18-19)

다. 선한 양심을 갖는 것이 당신의 영적 성장에 어떤 영향을 미치는가?
   (히 5:13-14)

   히 5:13-14 ¹³이는 젖을 먹는 자마다 어린 아이니 의의 말씀을 경험하지 못한 자요 ¹⁴단단한 음식은 장성한 자의 것이니 그들은 지각을 사용함으로 연단을 받아 선악을 분별하는 자들이니라

라. 선한 양심을 갖는 것이 깊은 우정을 개발하는 능력에 어떻게 영향을 미치는가? (마 5:24, 잠 28:13)

   마 5:24 예물을 제단 앞에 두고 먼저 가서 형제와 화목하고 그 후에 와서 예물을 드리라

   잠 28:13 자기의 죄를 숨기는 자는 형통하지 못하나 죄를 자복하고 버리는 자는 불쌍히 여김을 받으리라

마. 선한 양심을 갖는 것이 신체적으로 어떤 영향을 주는가? 다음 잠언의 말씀들을 묵상한 후 답을 해 보라.

*잠 14:30* 평온한 마음은 육신의 생명이나 시기는 뼈를 썩게 하느니라

*잠 15:13* 마음의 즐거움은 얼굴을 빛나게 하여도 마음의 근심은 심령을 상하게 하느니라

*잠 18:14* 사람의 심령은 그의 병을 능히 이기려니와 심령이 상하면 그것을 누가 일으키겠느냐

*잠 17:22* 마음의 즐거움은 양약이라도 심령의 근심은 뼈를 마르게 하느니라

4 사례 연구

## 가. 나는 나의 책임자를 원망했다.

나의 책임자는 항상 나에게 사소한 것들만 시키는 것 같았다. 처음 몇 번은 괜찮았으나 그것이 계속되자 내가 그를 만나러 가야 할 때마다 위장이 아파 왔다. 우리팀의 다른 사람들에게는 왜 시키지 않는가? 왜 나에게만 그런 일을 시키는가? 나는 나의 책임자를 원망했다.

## 나. 나는 원망하는 마음을 다시 억눌렀다.

나는 내가 섬기는 자가 되어야 함을 알았기에 아무 말도 하지 않고 내가 싫어하는 것일지라도 책임자가 요구하는 것을 그저 해야겠다고 다짐했다. 나는 그가 어떤 것을 시

킬 때마다 점점 열정이 사라지는 것을 느꼈고 그는 내가 그것을 싫어한다는 것을 알았다. 그러나 그는 어떤 말도 나에게 하지 않았고 그것이 더욱 나쁜 상황을 만들었다. 나는 그를 싫어했다.

### 다. 나의 영적, 정서적 힘이 고갈되어 갔다.

매일 일터로 간다는 것이 너무 힘들고 싫었다. 점심때가 되면 피곤해졌고 때때로 일찍 귀가하여 낮잠을 자야 했다. 나는 늘 초조함을 느꼈고, 의무감으로 경건의 시간을 때워나갔다. 그 시간들은 따분했고 흥미가 없었다. 점차적으로 내 위장은 악화되었고 무슨 응어리가 진 것처럼 아팠다.

의사의 검진을 받고자 예약을 했다. 왜 이렇게 아프게 느껴지는지 이해할 수가 없었다. 나는 항상 건강했다. 진단이 끝난 후, 의사는 내게 신체적으로 전혀 아픈 곳이 없다고 말했다.

### 라. 나는 나의 책임자를 나의 삶에 있어서 하나님의 도구라고 생각하기 시작했다.

그 다음 주 일요일 교회에서 목사님이 대인 관계에 있어서의 갈등에 대해 설교하셨다. 그것은 시기적절한 것이었다. 나는 책임자에 대해 느꼈던 원망하는 마음이 어떻게 나에게 영적, 정서적 그리고 신체적으로 영향을 미쳤는지를 깨닫기 시작했다. 또한 하나님께서 내 삶의 모난 부분들을 다듬어 주시고 내 성격을 좋게 고치시기 위한 도구로 그를 내 위에 앉히셨음을 깨달았다.

그러나 솔직하게 그를 용서하고 그로 인해 하나님께 감사할 수 있을까?

나는 내가 나의 책임자를 얼마나 많이 원망했는지에 대해 생각해 보았다. 내가 솔직하게 그를 용서하고 나에 대해 무감각한 그로 인해 하나님께 감사할 수 있을까? 하나님께서 나의 책임자를 하나님의 도구로서 나의 삶 속에 두셨다는 것을 깨닫게 된 것을 제외하고는 나를 걷잡을 수 없는 곳으로 이끌어 갔다. 화가 가시지 않았다. 그래서 주님께 굴복하며 나는 의도적으로 기도했다. "주님, 제 성격을 고치시고 가꾸시려고 제 책임자를 사용하심을 감사합니다. 그를 제 위에 세워 주심을 감사합니다. 제가 몹시 속상해하고, 원망하며, 배은망덕했던 것을 용서해 주십시오."라고 고백했다.

## 마. 나는 오랫동안 느껴보지 못했던 하나님과 나 사이의 자유를 맛보았다.

나는 하나님의 뜻에서 벗어나 곁길로 나갔었음을 알았다. 그리고 새삼 전체적으로 새로운 관점에서 나의 책임자와의 관계를 보기 시작했다.

## 바. 나는 나의 책임자에게 용서를 구하는 것이 필요하다는 것을 깨달았다.

하나님과 나 사이의 장벽들은 깨끗이 제거되었을지라도, 나는 나의 책임자와의 사이에 있는 장벽들에 대해 무엇인가 해야 할 필요를 느꼈다. 그것은 너무 고통스러웠으며 몇 날 동안 그것 때문에 몸부림을 쳤다. 만일 내가 그에게 가졌던 나쁜 태도를 인정한다면 그는 나를 어떻게 생각할까? 그가 안다면 일은 아마 더욱 악화되기만 할 거야. 어쨌든 그것은 거의 그의 잘못이었으니까. 내가 나의 나쁜 태도를 하나님께 자백했으니 그것으로 충분하지 않은가?

사. 장벽들은 없어지고 새로운 시작을 할 수 있게 되었다.

　나는 마침내 나의 책임자에게 가서, 그 동안의 모든 일들을 설명했고, 그를 원망하고 속상해 한 것에 대해 용서를 구했다. 나는 그의 이해하고 사랑하는 마음에 놀랐다. 그는 나를 용서했을 뿐 아니라 그가 그리 무감각했던 것을 역시 용서해 달라고 했다. 우리는 많은 오해와 헛된 상상들을 말끔히 씻을 수 있었다. 그리고 우리는 지금 전에 없이 더욱 가까워졌다. 장벽들은 없어지고 선한 양심으로 대하게 되었다. 다음날 순원 중 한 명이 나에게 다가와 말했다. "아, 간사님! 오늘 간사님이 무언가 달라 보여요. 무슨 일이 있었나요?"

1) 그 간사가 책임자에게 원망의 마음을 가지기 시작했을 때 어떠한 일들이 일어나기 시작했는가?

2) 어떠한 새로운 관점이 그의 원망하는 마음을 변화시켰는가?

3) 그가 선한 양심을 가졌을 때 변화된 태도 및 일어난 행동들은 무엇인가?

4) 그 간사의 선한 양심의 결과는 무엇인가?



이 사례연구를 통하여 여러분의 잘못된 관계들을 하나님께서 생각나게 하셨을 수도 있다. 이제 '어떻게 이러한 관계들을 올바로 바로 잡을 수 있을까?'라는 질문을 해야 한다.

##  5 선한 양심을 가지는 방법

가. 당신이 _____ 했거나 나쁜 태도를 가졌던 사람들을 모두 생각하라.

성령께 당신에게 올바르지 않은 문제가 있으면 보여 주시길 기도하라. 그들의 이름과 당신이 그들에게 잘못한 것들을 구체적으로 쓰라.



나. 하나님께 기도하라.

1) 당신에게 어떤 잘못을 한 사람이 있다면 그의 모든 잘못을 _____ 했는지 확인하라. (마 6:14-15)

마 6:14-15 ¹⁴너희가 사람의 잘못을 용서하면 너희 하늘 아버지께서도 너희 잘못을 용서하시려니와 ¹⁵너희가 사람의 잘못을 용서하지 아니하면 너희 아버지께서도 너희 잘못을 용서하지 아니하시리라

때때로 형제/자매가 당신의 마음을 상하게 할 때 그 자신의 내부에 상처가 있음을 보여준다. 그/그녀에게 필요한 것을 도울 수 있는 방법이 있는지 보여주시길 주님께 간구하라.

2) 당신이 _____ 잘못한 것들을 주님께 고하여 깨끗함과 용서함을 받으라.

당신에게 잘못한 사람들을 모두 용서한 후 당신이 잘못한 모든 것들을 주님께 고하여 깨끗함과 용서함을 받으라. _____
_____. 하나님께서 당신의 삶 가운데 성격을 개발하시기 위한 도구로 각 사람들을 사용하심을 감사하라.

다. 당신이 잘못한 사람에게 가서 \_\_\_\_ 를 구하라.

1) 외적 잘못의 \_\_\_\_ 이 된 태도를 용서해 주길 구하라.

외적으로 나타난 잘못된 행동에 앞서 원망, 질투, 감사하지 않은 것 등과 같은 내적 태도를 구체적으로 인정하라. 예를 들어 사례연구에서 간사가 용서를 구하는 가장 효과적인 방법은 "적극적으로 도와드리지 못했던 것을 용서해 주십시오."에 앞서 "당신에게 원망하고 미워하는 마음이 있었던 것을 용서해 주십시오."라고 말하는 것이다. 외적인 적극성 결핍은 더욱 근본적인 잘못된 마음의 결과인데 완전한 용서를 위해 그것을 고백해야 할 것이다.

2) _____의 태도로 가라.

때때로 우리가 어떤 사람에게 용서를 구할 때 우리는 다른 사람에게 잘못을 돌린다. 겸손함이 부족함을 보여주는 말은, "제가 당신에게 쓴 마음을 가진 것은 잘못이었으나 당신도 역시 저에게 둔감했습니다." 혹은, "당신은 내가 당신을 미워하고 원망하도록 만들었습니다."와 같은 예이다. 이 두 가지 말은 상대방이 잘못했음을 나타내 준다. 우리가 열린 마음으로 하나님 앞에 가까이 갈 때 하나님께서는 겸손하고 회개하는 마음을 주실 것이다.

3) 반대로 당신에게 용서를 구하는 사람에게 _____으로 대해야 함을 명심하라. (마 18:21-22)

> 마 18:21-22 ²¹그 때에 베드로가 나아와 이르되 주여 형제가 내게 죄를 범하면 몇 번이나 용서하여 주리이까 일곱 번까지 하오리이까 ²²예수께서 이르시되 네게 이르노니 일곱 번뿐 아니라 일곱 번을 일흔 번까지라도 할지니라

예수님께서는 형제나 자매를 용서해 주는 횟수에 제한이 없다고 말씀하신다. 만일 당신이 횟수를 세고 있다면, 당신은 용서하고 있는 것이 아니다.

4) 민감하라.

   (1) _____을 택하라.

   (2) 용서를 구할 때 _____ 만나라.

라. ____을 하거나 ____을 방지할 길들을 토론하라.

예를 들면, 우리가 읽은 사례연구에서 간사는 책임자에게 용서를 구한 후, "간사님이 저에게 기대하시는 것을 함께 이야기할 수 있으면 큰 도움이 되겠습니다."라고 말할 수 있다. 이렇게 하여 차후의 토론의 문을 열어놓으라. 이 과정에서 그 책임자에게는 어떠한 비난도 하지 않는다는 것을 기억하라.

실천사항: 하나님께 열린 마음으로 다음과 같이 기도하라.

하나님, 저와 관계가 깨어진 누군가가 있습니까?
제가 용서해야 할 누군가가 있습니까?
제가 용서를 구해야 할 누군가가 있습니까?
언제 가야 하겠습니까?
어떻게 이야기해야 하겠습니까?

 Series

'나 시리즈'는 하나님의 사람으로 성장하고, 성숙한 신앙으로 발전하며, 주님과 동행하는 영향력 있고 리더십 있는 제자로 교육받기 위해 만들어진 순장 교육용 교재입니다. '나 시리즈'는 '성숙한 나', '멋진 나', '대답이 준비된 나' 총 세 권으로 구성되어 있습니다.

### 멋진 나

그리스도 안에서 하나님이 주신 꿈을 발견하고, 다른 사람을 사랑하는 제자로 성장할 수 있도록 구성

### 성숙한 나

성숙한 그리스도인으로서 다른 사람을 이해하고 용서하며 권위에 대한 바른 태도를 가지고 좋은 리더가 될 수 있도록 구성

### 대답이 준비된 나

하나님과 예수님, 성경의 권위에 대한 변증적인 이슈들을 분명하게 이해하고 대답할 수 있도록 하여 온전한 복음을 전할 수 있도록 구성